论语好好读

学习篇

曲君伟 兰 婧/编著

中国轻工业出版社

目录

学而时习之，不亦说乎？

人人都可以接受教育

春秋时期，有个鲁国人叫冉雍（yōng）。他出身贫寒，一直过着清苦的生活，他的父亲冉离在当地的名声不好。冉雍不甘心自己一生平凡，便想外出求学。然而，在春秋时代，学校由官府开办，只有有权有势的贵族才可以到学校读书。冉雍只是一个平民，父亲还声名狼藉，学校的大门很难向他敞开。

冉雍渴望学习知识，他听说有私学可以让普通人读书，就四处打听私学的消息，终于打听到有一位叫孔子的老师在开办私学。于是，他立即动身前往拜见孔子。

孔子招收学生，只要年满十五岁，带上十条干肉作为学费就可以。冉雍担心会

因自己的出身问题而被孔子拒绝，孔子却安慰他说：“我的教育宗旨是‘有教无类’。只要可以接受教育，每个人都是可以被改变的，品德低下的父亲也能生出贤德的儿子。”

就这样，冉雍拜在孔子门下，开始如饥似渴地学习，最终成为一代儒家大师。

读《论语》学道理

原文

zǐ yuē yǒu jiào wú lèi
子曰："有教无类①。"

——《论语·卫灵公篇第十五》

注释

❶ **无类：** 指不分类别的意思。

译文

孔子说："人人都可以接受教育，没有贫富贵贱的区别。"

知识拓展

孔子与私学

孔子在三十岁左右时，开始专心创办"私学"。他招生的对象很广泛，不分国家、民族、出身，只要年满十五岁，能交十条干肉作为学费，就可以在他门下接受教育。于是，大批人才聚集在孔子门下。

孔门弟子多是一些出身低微的人，孔子不在意弟子的出身，他的门下甚至还有言偃这样被当时人们视为"蛮夷"的南方人。

孔子是中国古代最伟大的教育家，他开了中国古代私学的先例。他提出的"有教无类"这一教学理念，更是具有开创性意义，奠定了中国传统教育的思想基础。

读《论语》学成语

释义

有教无类：一方面指教育对象不该分贵贱贤愚，对各种人都可以教育；另一方面是指人的差异（天资、品行等）可以通过教育来弥补。

例句

袁老师秉持“有教无类”的理念，对所有学生都一视同仁，尽心尽力教导。

小小思想家

现在的教育已经十分接近孔子所说的“有教无类”。我们可以通过各种渠道，学习各种知识，拓展自己感兴趣的领域，尽情体会学习的快乐。所以啊，我们要珍惜现在的生活，努力学习，让自己成为有用之才。

2.

反复学习，找到乐在其中的感觉

孔子给弟子们上课，教给大家学习的方法。什么学习方法是好的？孔子觉得很简单：时常温习和练习，每次有了不一样的收获，会发自内心地感到高兴，这就是好的学习方法。

孔子自己也是这么做的。当时还没有纸张，书籍是用牢固的牛皮绳子将竹简编联起来，称为“韦编”。孔子学《易》，反复翻阅，深入研读，牛皮绳子磨断了好几次。孔子犹觉不足，还谦逊地说：“如果再有几年时间阅读，我就可以把《易》的内容理解得更清楚了。”这就是“韦编三绝”的典故。

孔子说：“温故而知新”，《魏略》有“读书百遍，其义自见”的说法，北宋大文豪苏轼更是直言：“旧书不厌百回读，熟读深思子自知”。这些都是古人的真实体会，可见，时常温习的学习方法能够获得很好的学习效果。

读《论语》学道理

原文

zǐ yuē xué ér shí xí zhī bú yì
子①曰：“学而时②习之，不亦
yuè hū yǒu péng zì yuǎn fāng lái bú yì
说③乎？有朋自远方来，不亦
lè hū rén bù zhī ér bú yùn bú yì jūn
乐乎？人不知而不愠④，不亦君
zǐ hū
子乎？”

——《论语 · 学而篇第一》

注释

1. **子：**《论语》中“子曰”的“子”指的都是孔子。
2. **时：**古书中“时”字的意思是“在特定的时候”或者“在合适的时候”。宋朝朱熹以后，被翻译成“时常”。
3. **说：**通假字，同“悦”。
4. **愠：**怨恨。

译文

孔子说：“学过的东西经常去温习和练习它，不也很高兴吗？有志同道合的人从远处来，不也很快乐吗？人家不了解我，我却不生气、不怨恨，不也是有才德的君子吗？”

知识拓展

初学《论语》的两个问题

提到《论语》，孩子们经常会有两个疑问。

1.《论语》的作者是孔子吗？

答：《论语》的作者不是孔子。《论语》是孔子的弟子以及他弟子的弟子记录孔子及其弟子言行的语录集。孔子去世于春秋时期，而《论语》最终面世的时间是战国前期，还有学者认为《论语》直到汉朝才成书。所以《论语》的作者不是孔子。

2. 孔子的名言、事迹已完全收录在《论语》中吗？

答：《论语》一书只记载了孔子部分名言和事迹。关于孔子的名言和事迹，在其他典籍中也有大量记载。如《礼记》中有一篇叫《曾子问》的文章，就记下了孔子与曾子关于人去世后举办丧礼相关事宜的讨论；还有一篇《孔子闲居》的文章，则记录了子夏和孔子讨论国君应有品德的事情。

读《论语》学短语

释义

不亦乐乎：原意是“不也是很快乐的吗”。现用来表示程度很深、达到极致的意思。

例句

阳光明媚，绿草如茵，孩子们在公园里玩得不亦乐乎。

小小思想家

在学习上，我们要积极向上；在交友上，我们要真诚友爱；在做事上，我们不要斤斤计较。想一想，你们都做到了吗？

3.

学习和思考结合，才能学到知识

秦国有个人非常善于相马，他一眼就能分辨出好马和坏马，人们称他为“伯乐”。他担心自己的本领失传，便把自己的经验都写到一本叫《相马经》的书中。为了帮助大家识别，他还画上了各种马的图案。

据说伯乐有个儿子比较蠢笨，他希望自己能够继承父亲相马的本领，就把父亲所著的《相马经》背得滚瓜烂熟，然后到外面去寻找千里马。

书中说，“千里马有高

高的额头，向外鼓的眼睛……”他便按这个标准去寻找。很快，儿子回来说：“父亲您快看，我找到了一匹完全符合千里马标准的好马，高额头，鼓眼睛，就是马蹄不太像。”伯乐出门一看，哭笑不得。原来儿子找回来的是一只蛤蟆。

这个故事便是“按图索骥”一词的来历。下面这则“万字难写”的故事也很有意思。

古时候，有一位财主目不识丁，吃尽了不识字的苦，于是他请了一位教书先生来教儿子读书。上课时，先生先教“一、二、三”。他说：“‘一’字就是一横，‘二’字就是两横，‘三’字就是三横。”财主的儿子学到这里，不耐烦地找到父亲说：“字我都会写了，不需要先生了！”财主听后很开心，立即辞掉了先生。

过了几天，财主想邀请一位姓万的亲戚来家里做客，便吩咐儿子写个请柬。等了很久，儿子也没有写完。财主去查看，只见儿子一边在书房画横，一边生气地说：“姓什么不好，非得姓‘万’，一上午我才画了两百横，离一万横还远着呢！”

孔子曾经说过：“学而不思则罔（wǎng），思而不学则殆（dài）”。意思是说，学习和思考一样重要，只读书而不思考，只会白费工夫，一无所获。相反，如果只会思考却不能踏实地去读书，便无法打好基础，遇到问题疑惑不解，无法真正地解决问题。

在上面的两则故事中，“按图索骥”说明了“学而不思则罔”的弊端，“万字难写”则说明了“思而不学则殆”的危害。在学习中，正确的方法应该是“学思结合，相辅相成”，不能单独强调某一点。只有这样，才能学有所得。

读《论语》学道理

原文

zǐ yuē xué ér bù sī zé wǎng sī ér bù xué zé dài

子曰：“学而不思则罔①，思而不学则殆②。”

——《论语 · 为政篇第二》

注释

1 **罔：** 迷惘、迷惑、糊涂的意思。

2 **殆：** 疑惑、危险的意思。

译文

孔子说：“只注重读书，却忽视了思考，就会感到迷惘而无所收获；只是思考空想，却不注重读书，就会感到疑惑不解。”

知识拓展

《论语》的篇名是怎么来的

《论语》的篇名“学而”“为政”等都是怎么来的呢？原来，这里取的是《论语》开篇的前两个字，作为每篇的篇名。比如《子罕》篇的开头是“子罕言利与命与仁”。

如果开篇的前两个字是“子曰”或是孔子评论某人的描述，那就取语录或句子里的前两个字。比如《学而》的开篇是：“子曰：‘学而时习之，不亦说乎’”，我们就取“学而”为篇名。

如果开篇的前两个字不是完整的词，可以取前三个字。比如公冶长篇的开头是“子谓公冶长……”，篇名就定为《公冶长》。

其实，这些篇名与该篇中的其他各章节没有真正的逻辑关系，我们可以把它们理解成“第一页”“第二页”这样的页码。

小小思想家

学习和思考相辅相成，缺一不可。不学习，再聪明的孩子也不能学到真本领；不思考，学习就变成了死记硬背，学得越多可能效果越差。只有勤奋学习、善于思考的孩子，才能成为“小学霸”。

4.

不懂装懂是学习最大的敌人

据说，孔子周游列国时，走到了一个地方，看到两个小孩在路边面红耳赤地争辩，孔子便上前询问。两个小孩听说他是大名鼎鼎的孔夫子，便将争吵的缘由告诉了他。原来，他们在讨论太阳在什么时候离人近。

一个小孩说："刚刚升起的太阳离人近一些，而中午时候的太阳离人远一些。"

另一个小孩不服，反驳他说："我的看法则相反，太阳刚刚升起的时候离人远些，中午的时候则离人近一些。"

孔子问他们这样想的理由是什么。

第一个小孩说："刚刚升起的太阳像车盖一样大，到了中午的时候却像个盘子那么小，这不是‘离得远看起来小而离得近看起来大’的缘故吗？”

另一个小孩则摇头说：“你说的不对。太阳刚出来的时候我们能感到清凉，到了中午时分，却感觉非常炎热，这难道不是‘离得近时热而离得远时凉’的缘故吗？”

孔子一时竟然无法分辨谁是谁非。

两个小孩看孔子无法回答，笑着说：“哎呀，都说您有大智慧，您的智慧是在哪里呢？”

这则故事便是有名的《两小儿辩日》，被记载在《列子·汤问》中。这则故事说明了知识无尽、学无止境的道理，同时也赞扬了孔子“知之为知之，不知为不知”的精神。

读《论语》学道理

原文

zǐ yuē yóu huì rǔ zhī zhī hū
子曰：“由①！诲女②知之乎！

zhī zhī wéi zhī zhī bù zhī wéi bù zhī shì
知之为知之，不知为不知，是

zhì yě
知③也。”

——《论语·为政篇第二》

注释

❶ **由：** 指孔子学生仲由，字子路。子路生于公元前 542 年，曾长期追随孔子。

❷ **女：** 通“汝”，是“你”的意思。

❸ **知：** 这里的“知”通“智”，是智慧、明智的意思。

译文

孔子说：“仲由啊！我教给你正确对待知道或不知道的态度吧！知道就说你知道，不知道就说不知道，这就是真正明智的做法啊。”

知识拓展

孔子杰出的学生子路

子路为人正直，文武双全，是“孔门十哲”之一。他原名仲由，比孔子小九岁，在没进入孔门之前鲁莽好斗。初见孔子时，他的言行举止就像一个野蛮人：头上戴着一顶类似公鸡鸡冠的帽子，身上佩戴着猪牙装饰的铁剑，留着刺猬般的胡须，翻着白眼，用鄙视的眼神看着孔子。

孔子并未因子路的不得体而心怀不满，而是以各种礼仪教化他。子路很感动，拜孔子为老师，跟随孔子周游列国，负责担任孔子的侍卫。之后，他离开孔子外出做官，成为卫国大夫孔悝（kuī）手下的官员，一度以卓越的政事能力著称。

读《论语》学短语

释义

知之为知之，不知为不知：懂了就说懂了，不懂就说不懂。

例句

对待学习，我们应该认真坦率，知之为知之，不知为不知。

小小思想家

诚实的态度是重要的品质。懂了就是懂了，不懂装懂是学习最大的敌人。在没听懂老师的讲课内容时，一定要诚实面对，及时向老师请教。只有这样，才能真正学到知识。

5.

温故而知新，你也可以当老师

刚进入孔门的时候，子路总是被老师批评。上节课讲到的知识，子路课后总是不及时复习，孔子提问时，他经常张口结舌，答不出来。

子路的表现，让孔子很不满意。有一次，孔子语重心长地教育了子路。他说，复习是一种非常重要的学习方法。一方面要"温习旧知识"，每隔一段时间就要复习学过的内容。另一方面，又不能只局限于"温习旧知识"，还要从旧知识中领悟到新知识。

孔子认为："课后时时温习，从而获得新的知识和体会。如果能够做到这一点，就可以当别人的老师了。"

这也就是"温故而知新，可以为师矣"。

读《论语》学道理

原文

zǐ yuē wēn gù ér zhī xīn kě yǐ wéi shī yǐ

子曰："温故而知新①，可以为师矣。"

——《论语·为政篇第二》

注释

①**温故而知新：**"温故"就是温习已经学过的知识，"知新"就是预知、推论出新知识。

译文

孔子说："一个人能在温习旧知识时，能够领悟出新知识，那么这个人就可以做老师了。"

知识拓展

孔子学习《文王操》

孔子重视礼乐，喜欢古音。据说，他曾向音乐大师师襄子学习琴技。师襄子教了孔子一首曲子后，就让他离开了。

十天后，师襄子来看孔子，发现孔子还在练这一首曲子，对孔子说："你可以学习新的内容了。"孔子摇头说："还不行，这十天来我已经熟悉了乐曲的演奏形式，但还没有掌握演奏的方法。"

过了一段时间，师襄子又来看孔子，说："你如今已经掌握了弹奏的技巧，是时候学习新的内容了。”孔子摇摇头说：“虽然如此，我却还没有领会这首曲子的意境。”

又过了一段时间，师襄子发现孔子依然在弹奏那首曲子，于是说：“你如今已经领会了这首曲子的意境，应该学习新的内容了。”孔子摇摇头说：“虽然如此，但我还不了解曲子的作者。”

过了一段时间，师襄子又来看孔子。他看到孔子仿佛进入了一种新的境界：时而神情肃穆，若有所思；时而怡然远望，深沉难辨。孔子对他说：“我知道这首曲子的作者是谁了。他皮肤黝黑，体形高大，目光高远，应该是一位统治四方诸侯的王者，除了周文王，还有谁能创作出如此优美的乐曲呢？”

师襄子听后，连忙起身向孔子下拜说：“教我这首曲子的老师也是这样说的，这支曲子的名字就叫《文王操》！”

相传，《文王操》是用来歌颂周文王的琴曲，是古琴曲的经典之作。

读《论语》学成语

释义

温故知新：温习旧知识时，能够得到新的理解和体会。也可以指回顾历史，能更好地认识现在的形势。

例句

兰兰成绩不断进步，靠的是温故知新的学习方法。

小小思想家

孔子告诉我们，经常复习旧知识，可以获得新的知识。这很值得我们学习。每天放学后，我们要总结自己一天的学习情况，及时复习和总结。我们要是能做到这一点，一定会获得很大的进步，也会成为一位“小老师”。

6.

孔子有个学生白天睡大觉

有一次，孔子上课的时候，宰予在课堂上居然睡着了!

孔子气坏了，对他大骂道:“腐烂的木头没有办法雕刻，斑驳污秽的墙壁不可粉刷! 宰予，对你的批评还有什么用呢?”

宰予性格耿直有个性，说话老是不管不顾，让人不高兴。宰予对孔子学说的态度，也经常会有些不一样的想法。他曾对孔子当面指出“为父母守丧三年”的制度不合理；他还直接对国君说出周朝统治者愚弄老百姓的事情。这些事情在当时很不受人待见，但也体现了宰予坚持独立思考、不畏权威的学习态度。

读《论语》学道理

原文

zǎi yú zhòu qǐn zǐ yuē xiǔ mù bù kě diāo
宰予昼寝。子曰：“朽木不可雕

yě fèn tǔ zhī qiáng bù kě wū yě yú yú yú
也，粪土之墙不可杇①也。于予与

hé zhū zǐ yuē shǐ wú yú rén yě tīng
何诛②？”子曰：“始吾于人也，听

qí yán ér xìn qí xíng jīn wú yú rén yě tīng qí
其言而信其行；今吾于人也，听其

yán ér guān qí xíng yú yú yú gǎi shì
言而观其行。于予与改是③。”

——《论语·公冶长篇第五》

注释

1. **杇：** 同“圬”，意思是粉刷墙壁。
2. **于予与何诛：** 与，同“欤”，语气助词，表示句中停顿，相当于现代汉语“啊”“么”。诛，责备、批评。
3. **是：** 代词，在这里指“听其言而观其行”。

译文

宰予白天睡大觉。孔子说：“腐烂的木头没法雕刻，斑驳污秽的墙壁不可粉刷，对于宰予这样的人，责备还有什么用处呢？”孔子说：“最初我对待别人的态度，听了他所说的话，就会相信他的行为；如今，我对别人的态度，听完他的话后还要再考察他的行为。正是宰予这个人使我有了这样的改变。”

知识拓展

先秦时期中国人的姓、氏、名、字

提起孔门弟子的名字，可能很多小朋友都会觉得头疼。比如，大家都知道孔子的学生颜回，而在《论语》中却多称他为“子渊”。这是因为，现在我们对“姓氏”“名字”不做区分，在秦朝以前，姓和氏、名与字都是分开的。

首先说姓氏。与现代人的观念不同，先秦古人认为“氏为族，姓为母”。也就是说，同一老祖母所生的后代都属于同姓，而氏则代表了家族地位，一般只有贵族才能用氏。举例来说，古代的无名氏指的并不是没有姓的家族，而是没有贵族身份的平民。

古人的名和字也是分开的。名通常是由父母取的，古代人出生三个月后，父母会为其命名，一般只有长辈才能呼唤。字是自己取的，古代男子二十岁、女子十五岁举行成人仪式时，便会为自己取字。字一般是对自己名的补充或者解释，通常平辈之间都会相互称字。

就拿颜回来说，他是曹姓，颜氏，名叫“回”，字是“子渊”。也就是说，他的母氏一族姓曹，而他又是颜氏贵族的人，父母给他起的名字叫回，他成年之后给自己取的字为子渊。

读《论语》学成语

释义

朽木不雕：形容一个人的品德败坏到极点，或者屡犯错误，无药可救。现在也指事物和局面陷入无可挽回的败局。

例句

王小明屡次违反校规校纪，同桌张晓华说他“朽木不雕”。

小小思想家

宰予在白天上课时睡大觉，孔子严厉地批评了他。我们身边也可能有这样的同学，上课时不认真听讲，甚至呼呼大睡，我们要避免犯下这样的错误。不过，孔子最不能容忍的，还是宰予言行不一的错误做法。想一想，你是否也有言行不一的时候？如果有，要怎么改正呢？

7.

兴趣是最好的老师

西汉有位少年叫匡衡，他勤奋好学，却因为家中贫穷，没钱买书，也不能安心求学。

匡衡听说县里有个大户人家，家里有很多藏书，就自告奋勇到他家去做雇工，并跟人家说他不要工钱，只要能读他们家的书就行。主人听了之后，深受感动，慷慨地答应了，并把所有书都借给匡衡。

匡衡白天要做事，晚上想读书，家里却没有蜡烛。而他的邻居家比较富有，晚上整夜都会点着蜡烛。匡衡便在两家共用的墙壁上凿了一个小洞，借着邻居家的烛光在夜里读书。

在这样艰苦的条件下，匡衡日夜苦读，终于得偿所愿，成了一代大学问家。

这便是成语“凿壁借光”的来历。匡衡最后取得了大成就，最主要是因为他对学习充满了兴趣和热爱。

孔子深知兴趣对于学习或者事业的重要性。他曾经对冉雍说：“知之者不如好之者，好之者不如乐之者”，意思是说，兴趣是最好的老师。不管做学问还是做事业，找到方法的人不如爱好学业或事业的人，爱好的人又不如将学业或事业当作乐趣的人。

只有把学习当成乐事，真正享受学习的快乐，才能够提高学习效率，真正掌握知识，并学以致用。

读《论语》学道理

原文

zǐ yuē zhī zhī zhě bù rú hào zhī zhě
子曰：“知之者不如好之①者，

hào zhī zhě bù rú lè zhī zhě
好之者不如乐之②者。”

——《论语·雍也篇第六》

注释

① **好之：** 好，爱好的意思。之，代词。

② **乐之：** 以某事为乐趣的意思。

译文

孔子说：“（对于任何学问和事业来说）懂得它的人不如爱好它的人，爱好它的人不如以它为乐趣的人。”

小小思想家

你是一个爱学习的人，还是一个以学习为乐的人呢？爱学习很重要，但是如果你可以在学习中找到乐趣，觉得学习是一件快乐的事情，就更了不起了。

8.

对不同的人要用不同的教育方式

孔子的学生公西华发现，孔子对待不同的学生，会有些不一致的行为。

一天，子路跑来问孔子：“假如我想到一件正确的事，是不是要立刻动手去做？”孔子说：“那不行，你得先问问你的长辈。”

后来，冉求也跑过来问了同样的问题，孔子却说：“既然觉得这件事正确，那你还等什么？”

公西华听到了孔子的话，觉得有些不对劲儿，他疑惑地问道：“老师，为何对同样的问题，您给子路和冉求的解答却完全不一样呢？”

孔子笑笑说：“子路性格直爽，甚至有些急躁，所以我要泼他冷水，让他学会思考后再去做；而冉求为人谨慎，甚至有些缩手缩脚，所以我要鼓励他一下，让他果断行动。”

这就是典型的因材施教。

人的性格和禀赋从出生之时便大不相同，有的急躁冒进，有的谨慎保守；有的聪明，有的愚笨。根据孔子的教育理念，对于天赋不同的人，要施以不同的教育方式。

读《论语》学道理

原文

zǐ yuē　qiú yě tuì　gù jìn zhī　yóu
子曰："求也退①，故进之；由
yě jiān rén　gù tuì zhī
也兼人②，故退之。"

——《论语·先进篇第十一》

注释

① **求也退：**这里指冉求的行动力不足，缩手缩脚。

② **由也兼人：**由，指仲由。仲由，字子路，七十二贤之一。这里指子路勇猛过人。

译文

孔子说："冉求做事退缩不前，因此激励他果断进取；仲由（子路）勇猛过人，因此教导他做事要谨慎。"

知识拓展

孔门弟子

史学家司马迁在《史记》中对于孔门弟子数量的记载是这样的：孔子的弟子大约有三千人，其中精通六艺、比较出名的有七十二人，被称为"孔门七十二贤"。

孔子生活的时代，教育事业掌握在政府手中，政府出面举办的学校称为“官学”，只有贵族子弟才有资格进入官学。孔子以一人之力，开办了规模庞大的“私学”，只要年满十五岁，拿出十条干肉作为拜师礼，便可在孔子的门下学习。

孔门七十二贤中，还有十位儒学的集大成者，被称为“孔门十哲”。他们是孔子门下最为优秀的十位弟子，分别是以德行著称的颜回、闵子骞、冉伯牛和仲弓；以能言善辩著称的宰我、子贡；以施政能手著称的冉求、子路；以文学功底著称的子游、子夏。

读《论语》学成语

释义

因材施教：根据受教育者不同的素质，选择不同的教育方式。

例句

王老师善于因材施教，把喜欢音乐的梓彤分到钢琴组，将喜欢体育的沐尘分到足球队。

9.

孔子是如何成为大学问家的

一天，孔子与学生们坐在一起谈论求学之道。冉雍问孔子："怎样才能和老师您一样优秀呢？"

孔子微笑着说："能做到下面三点就好了——'默而识之，学而不厌，诲人不倦'，也就是把所学到的知识默记在自己心里，努力学习且永不满足，教导别人从不感到疲倦。"

说到这里，他叹了口气说："不过，这三个方面，我也没有完全做到啊！"

孔子之所以能够成为大学问家、教育家，原因很简单——他很好学，又善于教导别人。

一方面，他对学习从不感到厌倦，孔子本身就是"学而不厌"的典型。他曾说："我学习的时候，经常担心自己追不上进度，又怕学到了东西却又忘记了。”他还说过：“假如有一个十户人家的小村庄，要从那里找到具有和我一样品德的人不难，但想找到像我这样好学的人就很难了。”

另一方面，孔子在“教书育人”方面也有着惊人的才华。他因材施教，善于启发学生，让学生们举一反三；他还以身作则，毫不吝啬地将自己的知识传授给学生们。正因为孔子“学而不厌”和“诲人不倦”，最后才成为“万世师表”，为世代所敬仰。

读《论语》学道理

原文

子(zǐ)曰(yuē)：“默(mò)而(ér)识(zhì)[1]之(zhī)，学(xué)而(ér)不(bú)厌(yàn)，诲(huì)人(rén)不(bú)倦(juàn)，何(hé)有(yǒu)于(yú)我(wǒ)哉(zāi)？”

——《论语·述而篇第七》

注释

1 **识**：记住的意思。

译文

孔子说：“把所学到的知识默默地记在心里，努力学习且不满足，教导别人从不感到疲倦，这些事我做到了多少呢？”

知识拓展

孔子与老子

老子，姓李，名耳，字聃（dān），是中国古代著名的思想家、哲学家、文学家和史学家，也是道家学派的创始人和主要代表人物。

老子长期居住在东周的都城洛邑，任周朝守藏室史，负责管理藏书，学问十分渊博。孔子曾经带学生南宫敬叔等去拜访老子。老子听说孔子要来，命人打扫道路，并套车前往郊区迎接。孔子也按照礼节下车恭候，将大雁作为礼品奉送给老子。为什么要送大雁作为礼物呢？原来，按照周朝的礼仪，像老子、孔子这样身份的官员，相见的时候要以“大雁”作为礼物。

老子的年纪比孔子大很多，学问和见识也很高，这一次的会面，让孔子受益匪浅。老子教导孔子说：“人要善于变通，要懂得

退却之道；遇事时要勇敢，敢于担当，也要懂得适当藏拙；在追求目标时要一往直前，心志要坚定，但处事要灵活。”

孔子回到鲁国后，学生们向孔子询问老子是个什么样的人。孔子尊敬地说：“老子，他真是太渊博了，他是我的老师啊！”

读《论语》学短语

释义

学而不厌，诲人不倦：努力学习而不知满足，教诲别人而不知疲倦。

例句

王教授执教多年，学而不厌，诲人不倦，深受每一位学生的尊重。

小小思想家

我们身边不难发现有这样一些同学：他们在读书的时候很专心，总是在勤奋学习；遇到别人请教时，总是很热心，不厌其烦地解答问题。他们是我们学习的榜样。

10.

孔子不喜欢不动脑子的学生

有一次，孔子给学生们出了个难题后，便坐在旁边默默观察学生们的表情。

子路比较急躁，他低头想了一会儿说："老师，我想不出来，请老师为我指点迷津。"孔子摇摇头说："回去接着想。"

子路只好回去继续思考。但是，子路怎么想都不得要领。他用力地抓着头发，眼神涣散，似乎要崩溃了。

孔子笑了笑，踱到他身边，给了他一句提示。子路的眼睛瞬间亮了，开始沉下心解答这道题目。

在旁边苦苦思索的冉求，情况比子路要好一些。他已经有了一些思路，但无法用语言表达出来，他低着头走过来，请孔子教导。孔子也让他继续想。

过了一个时辰，冉求的脸涨得通红，连嘴巴都开始抽搐了，但还是说不出答案。孔子这才给他一些提示。冉求如获至宝，开始迅速整理自己的思路。

颜回看到这一幕，好奇地问：“先生，您平时教导我们要多向别人请教，甚至要我们向不如自己的人请教，为何子路、冉求第一次向您提问的时候，您都不给他们提示呢？”

孔子看了看颜回，说：“不愤不启，不悱（fěi）不发。”意思是教导学生的时候，不到他们苦苦思索却无法得出结论的时候，不要去开导他；不到他想要表达却无法说出来的时候，不要去启发他。我平时教导你们多问，是让你们先进行深入的思考，之后再去询问别人，而不是不经思考就去发问。作为一名学生，必须有独立思考的能力，我教给他一些知识，他如果不能由此推知出其他的知识，便不必再教他了。

读《论语》学道理

原文

zǐ yuē bú fèn bù qǐ bù fěi bù
子曰："不愤①不启，不悱②不

fā jǔ yì yú bù yǐ sān yú fǎn zé bú
发③。举一隅④不以三隅反，则不

fù yě
复也。"

——《论语 · 述而篇第七》

注释

1 **愤：** 苦苦思索依然想不通的样子。

2 **悱：** 想表达却说不出来。

3 **发：** 启和发，都是启发、引导的意思。

4 **隅：** 角落。

译文

孔子说："教导学生，不到他苦苦思索还无法得出结论的时候，不要去引导他；不到他心里明白却无法表达出来的时候，不要去启发他。教给他一方面的知识，他却不能由此推知出其他的知识，便停下来不再教他了。"

小小故事会

颜琛做学问

孔子有一位学生叫颜琛。颜琛聪明勤奋，经常向孔子请教问题。孔子赞赏他的勤奋，又对他有所不满。

据说有一次，颜琛来找孔子请教。走到门口，听到孔子正与东门长老谈论他。东门长老说："先生您平时总夸颜琛头脑聪明，这孩子将来一定很有出息吧？"

孔子叹了口气，惋惜地说："颜琛的确聪明，可惜没什么耐心，一有不懂的地方就来问我，不肯下苦功夫读书。我不敢说他将来是否有大出息！"

颜琛在门外听到这话，羞愧难当，转身留下"三年后再见"几个大字，便回住处收拾行李回了家。颜琛回家后下苦功读书，他暗下决心：一定要让老师刮目相看。

一年之后，孔子登门来访。颜琛觉得自己的学问做得还不够好，不肯出去见孔子。又过了一年，孔子又来了，颜琛依然觉得自己还没有达到目标，不敢出来拜见老师。

三年之期到了，颜琛兴冲冲地去拜见孔子。孔子认真地考察了颜琛的学问，发现他进步巨大。颜琛说："三年前，我听到了老师与东门长老的谈话，心中顿悟，正是您所说的话激励我努力上进。"

孔子笑着说："你这个孩子，非常聪明，又有志气，却不爱独立思考。无奈之下，我才出此下策啊！"

读《论语》学成语

释义

举一反三：从一件事情类推而知道许多事情。也说一隅（yú）三反。

例句

勤于思考的人往往能够举一反三，触类旁通，这样才能取得好的学习效果。

小小思想家

经常有人说，我们在学习中要“不懂就问”。可是，遇到问题就急着去发问就一定是对的吗？其实，最好是在发问之前，自己先积极地思考，确定自己无法解决时，再去问别人。养成独立思考的习惯，可以让我们收获自信，还能收获经验和喜悦。

11.

就算是小孩，也可以成为我的老师

传说，孔子在一次外出讲学的路上，遇到了一位用树枝在路上作画的小孩。孔子近前细看，那小孩画了一座城，非常逼真。孔子不忍破坏他的画，便从一旁绕过去。不料那孩子却有些恼火，说：“老先生为何放着城门不走，却要绕城而过？”

孔子解释了原因，小孩却说：“若不是让人通过，我为何要画城？”

孔子见小孩聪明伶俐，于是约他一路同行。其时正值冬天，万物萧条，只有松树和柏树不畏严寒，仍是绿意盎然。

小孩指着路边的松树，问孔子：“先生，请问松树为何四季常青？”孔子想了想说：“松树内部是实心的，非常粗壮，所以

耐得住这严寒。”小孩摇摇头笑着说：“那竹子的内部是空的，怎么也不畏寒冬？”小孩又指着河里的鹅问孔子说：“先生，鹅的叫声为何如此响亮？”孔子想了想说：“鹅的脖颈特别长，所以能引吭高歌。”小孩摇摇头，说：“那井里的蛤蟆脖子很短，它们的叫声也很大啊。”

两人继续往前走，看见城里走出一队送葬的人。领头的那个人身着重孝，边走边唱，后面跟着的那些人也都没有哭泣。

孔子心里愤怒，生气地对小孩说：“这些人太不孝顺了，父母过世了，这些人不悲恸、不流泪也就罢了，居然还边走边唱。我要去批评他们！”

小孩反问孔子：“先生您连他所唱的歌曲都未听清，如何去

批评？他口中唱的是‘肥猪出圈，野马上羁，金银入柜’。您知道是什么意思吗？”

孔子不解。

小孩笑着说：“‘肥猪出圈’意思就是女儿已经找了婆家，‘野马上羁’就是儿子已经娶了媳妇，‘金银入柜’就是说父母死时心愿已了，心满意足。孝顺父母确实是美德，但有些人父母在世时不守孝道，父母去世时大办丧事，装出一副悲痛欲绝的样子；而有的人父母在世时嘘寒问暖，父母过世时问心无愧。您认为哪种人更孝顺？刚才过去那人一边走一边唱，多半是为了警醒世人，依我看，他才是个懂得孝道的人啊！”

孔子大为叹服，说：“你虽然年幼，但足以当我的老师了！”于是询问小孩的名字，这个小孩，就是项橐（tuó）。

《三字经》“昔仲尼，师项橐”的说法，便由这个故事演绎而来。

孔子对弟子们说：“三人行，必有我师焉”。意思是这世界到处都有可以做自己老师的人，只要想学习，榜样就在身边。

读《论语》学道理

原文

zǐ yuē sān rén xíng bì yǒu wǒ shī yān
子曰：“三人行，必有我师焉：

zé qí shàn zhě ér cóng zhī qí bú shàn zhě ér
择其善①者而从之，其不善者而

gǎi zhī
改之。”

——《论语·述而篇第七》

注释

① **善：**优点、长处的意思。

译文

孔子说：“几个人一起行走，其中一定有可以作为我老师的人。选择他们的优点并向其看齐和学习，看到他们的缺点就引以为鉴并改正。”

知识拓展

《三字经》

《三字经》是中国的传统启蒙教材。由于其浅显易懂、朗朗上口，与《百家姓》《千字文》并称为传统蒙学三大读本。

《三字经》取材广泛，内容涵盖了中国传统文化中的文学、历史、哲学、天文地理等，孩子们熟读《三字经》，不但可以了解古代常识、传统国学及历史故事，还可以学会一些为人处世的道理。

小小思想家

孔子告诉我们：三人行，必有我师。我们身边的每个人都可能有值得学习的优点和长处，我们要虚心学习，取长补短，这样就可以不断地进步。

敲黑板：“三人行，必有我师”，这一观点可用于作文“相互学习”“学习优点”等主题的论据。

12.

敢于向比自己地位低的人请教

一天，子贡问孔子说:“孔文子凭什么可以得到‘文’这个好谥(shì)号呢?”

孔文子，姓孔名圉(yǔ)，是卫国的大臣。他聪明好学、谦虚谨慎。孔圉去世之后，国君赐予他“文”的谥号。

也许是子贡觉得孔圉并没有什么突出的成就，甚至还有一些不符合礼法的行为。所以，他对孔圉死后被授予“文”这一谥号，觉得不可理解，于是便向孔子询问。

孔子笑了笑，他告诉子贡，孔文子“敏而好学，不耻下问，是以谓之‘文’也。”意思是说，孔圉这个人聪明好学，从来不以向比他地位低下的人请教问题为羞耻，虽然他确实有一些小毛病，但还是当得起‘文’的谥号。

孔子提到的“不耻下问”，是孔子治学的方法之一，也是我们需要学习的求知态度。“敏而好学”，指的是保持对学习的浓厚兴趣，要努力和勤敏。“不耻下问”，则是要求我们时刻保持旺盛的求知欲，不仅要求教于老师、长辈，而且还要向那些看起来很普通但拥有一技之长的人求教。

读《论语》学道理

原文

zǐ yuē kǒng wén zǐ hé yǐ wèi zhī
子曰：“孔文子[1]何以谓之

wén yě zǐ yuē mǐn ér hào xué bù chǐ
‘文’也？”子曰：“敏而好学，不耻

xià wèn shì yǐ wèi zhī wén yě
下问，是以谓之‘文’也。”

——《论语·公冶长篇第五》

注释

1. **孔文子：**卫国的大夫孔圉。“文”是他的谥号，“子”是对他的尊称。

译文

子贡问道："孔文子凭什么得到'文'的谥号呢？"孔子说："他聪明勤奋好学，不以向比他地位低下卑微的人请教问题为耻，所以给他一个'文'的谥号。"

知识拓展

谥号

在本节中，孔文子的"文"是一个谥号。那什么是谥号呢？

古人为方便对某位历史人物进行评论，会选一些文字对其人生进行评价，这些文字就被称为"谥号"。

一般来说，历史上的皇帝、皇后或者比较有名气的诸侯、大臣等社会地位较高的人物去世之后，当时的朝廷会依据其生前的功过是非，给出一个具有评价意义的称号。

谥号也分好坏，比如孔文子的"文"就是一个好的谥号，表示死者具有"经纬天地"的才华或"道德高尚""勤学好问"的品德；而周厉王的"厉"就是不好的谥号，蕴含"暴戾无亲""杀戮无辜"等含义。

一般说来，像文、武、明、睿（ruì）、康、景、庄、宣、懿（yì）这些都是带有褒义的谥号，而厉、灵、炀（yáng）都是不好的谥号。政变中被别人推翻的皇帝一般称废帝，亡国的君主一般称末帝。

读《论语》学短语

释义

敏而好学，不耻下问：不以向地位、学问比自己低的人请教为耻。形容谦虚好学。

例句

老教授向学生请教问题，这种敏而好学，不耻下问的精神，真令人敬佩。

小小思想家

学习中遇到不懂的问题时，要虚心向人请教。很多同学愿意向老师或者成绩好的同学请教，但要让他们向不如自己的同学请教，那就难了。这样是不对的。因为大家可能会在成绩上有所差别，但每个人都有自己擅长的领域。遇到问题时，如果可以做到不耻下问，不但可以增长自己的见识，还能为自己思考问题提供更新颖的角度。

13.

见贤思齐，要有“自知之明”

颜回是孔子很欣赏的学生之一。他品德高尚，学习勤奋，最可贵的是他善于独立思考，能从已知的知识中推断出新的知识。孔子对此十分欣赏，要求其他学生都向颜回学习。

对此，子贡由衷地说：“颜回听到一件事可以举一反十，我呢，知道一件事，最多只能举一反二。”

颜回的品质值得赞赏，子贡能够坦诚自己不如颜回，也遵循了“见贤思齐”的君子之道，子贡的这种“自知之明”也值得我们学习。

一个人如果想进步，首先要知道自己的不足在哪里。如果连自己的弱点都看不到，又怎么有进步的空间呢？作为一名老师，孔子非常清楚弟子的优缺点。子贡并非处处都不如颜回，就施政能力而言，颜回比不过子贡；在经商能力上，颜回更是不如子贡。而子贡能清醒地认识到自己在知识的领悟力上不如颜回，这让孔子感到十分欣慰。

读《论语》学道理

原文

zǐ wèi zǐ gòng yuē　rǔ yǔ huí yě shú yù
子谓子贡曰：“女与回也孰愈[1]？”
duì yuē　cì yě hé gǎn wàng huí　huí yě wén yī
对曰：“赐也何敢望回？回也闻一
yǐ zhī shí　cì yě wén yī yǐ zhī èr　zǐ yuē
以知十，赐也闻一以知二。”子曰：
fú rú yě　wú yǔ rǔ fú rú yě
“弗如也；吾与女弗如也。”

——《论语·公治长篇第五》

注释

① **愈：**胜过、超过的意思。

译文

孔子对子贡说：“你与颜回相比，谁更强一些呢？”子贡回答说：“我怎么敢跟颜回相比呢？颜回听说一件事可以推知十件事；我呢，知道一件事，只能推知两件事。”孔子说：“是不如他啊，我和你都不如他啊。”

小小故事会

邹忌讽齐王纳谏

战国时期，齐国大臣邹忌容貌俊俏，器宇轩昂。当时人们传说，城北徐公是齐国最英俊的男人，邹忌有些不服气。

一天，邹忌问自己的妻子说：“我与城北的徐公比起来，谁更英俊一些？”妻子不假思索地说：“当然是夫君您更英俊，城北徐公怎么能跟您相提并论呢？”

邹忌有点不相信，又去问自己的小妾，小妾崇拜地看着他说：“当然是老爷您更英俊，城北徐公怎么能跟您比呢？”

第二天，有客人来他家拜访。谈话间，邹忌偶尔提到城北徐公，客人大笑说：“说实话，城北徐公的外貌真是不如大人您啊！”

后来，徐公有事来拜访邹忌。一见面，邹忌便震惊不已，原来徐公的容貌要比自己英俊得多！邹忌越照镜子，越觉得自己的外貌不如徐公。

邹忌告诉了国君齐威王这件事，说：“臣的容貌远不如城北徐公，但妻子说我美，因为她爱我；小妾说我美，因为她怕我；客人说我美，因为他有求于我。在家中尚且如此，大王您统领齐国，幅员辽阔，城池过百。您宫中的妃子，没有不爱恋您的；您的臣子，没有不敬畏您的；世上的诸侯，没有不有求于您的。照此情况看来，您受的蒙蔽肯定更多。”

齐威王受到启发，于是广开言路，鼓励大臣、官吏、百姓来向自己提意见。没过几年，齐国就变得更加强大，其他国家纷纷来齐国朝见齐威王。

读《论语》学成语

释义

闻一知十：听到一点就能理解、推断出更多内容、结论。形容人十分聪明，善于类推，能融会贯通。

例句

学习的时候，不能死读书，要学会触类旁通，闻一知十。

小小思想家

在平时的学习和生活中，你能清醒地认识自己吗？你知道自己的优点是什么吗？缺点又有哪些呢？

一个人只有真正了解自己的长处和短处，有“自知之明”，才能真正地进步。

14.

“三思而后行”一定是正确的吗

一天，冉雍来问孔子：“季文子为人谨慎，遇事总是思考三遍，确认无误之后方才实行。您觉得这种做法怎样？”

孔子听后，沉思了一会儿说：“再，斯可矣。”意思是，凡事想两遍就好了，不需要再想第三遍。

遇事三思而后行，是一直被倡导和赞赏的行为，孔子为什么不赞成季文子的这种做法呢？

原来，季文子行事过于谨慎，平时对很多事情过于计较，顾虑太多，这样也产生了一些不好的问题，经常会错失良机，所以他在鲁国为官期间，既有成绩也有过失。

孔子认为，像季文子这种性格的人，遇事考虑一两遍还可以，考虑得太多，未必能取得好的结果。

另一方面，孔子在句中强调了“再”这个字。也就是说，孔子并不赞同轻率地做出决定的行为，认为做事前既要慎重考虑，又不能瞻前顾后，该果断的时候要果断，该谨慎的时候要谨慎。

读《论语》学道理

原文

季文子①三思②而后行。子闻之，曰：“再③，斯④可矣。”

（jì wén zǐ sān sī ér hòu xíng. zǐ wén zhī, yuē: zài, sī kě yǐ.）

——《论语 · 公冶长篇第五》

注释

1. **季文子：** 姓名季孙，名行父，鲁国的大夫。“文”是他的谥号。
2. **三思：** 这里的“三”不是指确切的数字，是反复多次的意思。思，思考。
3. **再：** 两次。
4. **斯：** “就”的意思。

译文

季文子每件事情都要反复想很多遍才付诸行动。孔子知道了后说：“思考两次，这就足够了。”

小小故事会

崇尚节俭的季文子

春秋时期，季文子执鲁国国政三十三年，曾先后辅佐鲁宣公、鲁成公、鲁襄公三代君主。虽然大权在握，但季文子不同于那些嚣张跋扈的权臣，他严守气节，勤俭节约，认真敬业。

根据《国语》记载，季文子身居高位，府中却没有任何金子和玉器，他的妻子连绸缎都不穿，马厩里的马只吃草，不吃精饲料。

大臣孟献子的儿子仲孙觉得季文子的这种做法很虚伪，前去质问季文子：“你身为鲁国最有权势的大夫，可你妻子不穿贵重的衣服，你的马匹不吃粟米饲料。难道你不怕国人耻笑你吝啬吗？你不担心与其他诸侯国交往时影响我们鲁国的声誉吗？”

季文子笑着回答说：“我当然也希望穿贵重的衣服、骑精心饲养的良马啊！可是，鲁国还有很多穿破衣服、吃不饱饭的百姓，我怎么忍心去追求精致的衣着和饮食呢。至于与诸侯国的交往，我只听说拥有高尚品德的贤者才是国家最大的荣誉，没听说奢华的生活能为国家争光。”

孟献子听说了这件事，将儿子仲孙关了七天禁闭，以示惩罚。

后来，仲孙被季文子感化，也学习季文子为人处世的方法。在季文子的带领下，鲁国全国都出现了崇尚节俭的风气。

读《论语》学短语

释义

三思而后行：凡事都要深思熟虑后，或者多次思考后再行动。形容做事小心谨慎。

例句

凡事应三思而后行，这样才不会因鲁莽而犯下大错。

小小思想家

你在和同学相处时，有没有因一时生气就不经大脑说出一些伤人的话或者做出一些冲动的事情？有没有在事后感到非常后悔？我们在日常学习生活中，遇事要多观察、多分析、多考虑后果。否则，就会造成不好的后果，让自己懊恼不已。

15.

不迁怒他人，不重复犯错

一天，鲁哀公询问孔子，你的哪位弟子最好学？孔子回答道："我的弟子颜回最好学。可惜的是，他的寿命太短了。颜回死后，再也没有比他更好学的人了。"

孔子之所以喜爱颜回，是因为颜回非常"好学"。孔子门下弟子众多，好学之士必定不少，孔子在这里却说颜回故去之后，"未闻好学者也"，这是对颜回极大的褒奖。

颜回是一位正人君子，他从不迁怒他人。另外，颜回对孔子极为尊敬，对老师的教诲身体力行，犯了错误就努力改正，绝不会再犯第二次。所以孔子在评价颜回的时候，特别谈到了"不迁怒、不贰过"，从中可以看出，孔子教育学生并非只看成绩，更看重道德情操的培养。

颜回去世时，孔子悲恸欲绝地说：“啊！这是老天想要我的命呀！”

追思颜回的时候，孔子哀叹：“自从我有了颜回这个学生，其他学生就对我更加亲近了。”

读《论语》学道理

原文

āi gōng wèn dì zǐ shú wéi hào xué
哀公问：“弟子孰为好学？”
kǒng zǐ duì yuē yǒu yán huí zhě hào xué bù qiān
孔子对曰：“有颜回者好学，不迁
nù bú èr guò bú xìng duǎn mìng sǐ yǐ jīn yě
怒，不贰过[1]。不幸短命死矣，今也
zé wú wèi wén hào xué zhě yě
则亡[2]，未闻好学者也。”

——《论语·雍也篇第六》

注释

1. **不贰过：**不犯同样的错误。
2. **亡：**通“无”，没有的意思。

译文

鲁哀公问孔子："在你的学生里，谁最好学？"孔子回答说："有一个叫颜回的学生特别好学，他从不迁怒别人，同样的错误从不犯第二次。可惜他不幸英年早逝，现在再也没有颜回那样的人了，再没有听说谁比他更好学了。"

知识拓展

孔子最喜欢的弟子——颜回

颜回，字子渊，鲁国人，后世尊称为"复圣颜子"，春秋末期鲁国著名思想家，儒学大家，孔门十哲、孔门七十二贤之首。

颜回十三岁拜孔子为师，终生以弟子身份服侍在侧，是孔子的得意门生。在《论语》中，经常出现孔子对弟子的评价，其中颜回获得的赞誉最多。

颜回十分好学。他把学习当成一种乐趣和一种生活方式，即便生活十分贫困，也能保持好学的状态。据说，由于营养不良和用脑过度，颜回二十九岁的时候头发就全白了。

在孔门弟子中，颜回是公认的"德行第一"，孔子说他从不迁怒别人，从不犯同样的错误。

孔门弟子都对颜回十分尊敬。颜回去世后，孔子要求丧事从简，但他的弟子们罕见地违背了老师的意愿，共同出资为贫困的颜回举办了隆重的丧礼。颜回的死对孔子打击很大，颜回去世后不久，孔子也离开了人世。

读《论语》学成语

释义

迁怒于人：把愤怒发泄在别人身上，自己心情不好的时候拿别人出气。

例句

遇到问题时我们不要迁怒于人，要去想正确的解决办法。

小小思想家

我们在学习中难免会遇到困难，在生活中会有各种各样的麻烦，与他人相处甚至会有一些不愉快的摩擦。在这种时候，你能做到不乱发火、不迁怒于别人，理性解决问题吗？

16.

孔子也是个音乐发烧友

据史书记载，孔子对音乐情有独钟。他非常喜欢唱歌，上课的时候，旁边就摆着乐器，弟子们读书的时候，他经常会在旁边弹唱一曲。据说，孔子辞官离开鲁国的时候，还对前来送他的鲁国乐官师己高歌一曲……

孔子曾试图在齐国一展自己的政治才能，虽然打动了国君齐景公，却被执政的国相晏婴堵住了从政之路。孔子的事业虽然受挫，但待在齐国这段时间，他研究、学习了《韶》乐，艺术水平有了不小的提高。

据说，当孔子在齐国学习《韶》乐时，竟然“三月不知肉味”。当时的历史背景下，普通百姓根本吃不起肉食，肉是一种很高级的食材。然而孔子醉心于《韶》乐，竟然在很长时间内都品尝不出肉的滋味。当然，这是一种夸张的说法，但从中可看出，孔子对音乐的钻研已经到了痴迷的程度。

读《论语》学道理

原文

zǐ zài qí wén sháo sān yuè bù
子在齐闻①《韶》，三月不
zhī ròu wèi yuē bù tú wéi yuè zhī zhì yú
知肉味，曰：“不图为乐②之至于
sī yě
斯也。”

——《论语·述而篇第七》

注释

① **闻：** 这里指学韶乐。古人说：音乐闻后而学，即先听而后学。

② **乐：** 沉迷的样子。

译文

孔子在齐国学习《韶》这种乐曲后，因太过痴迷，竟长时间尝不出肉的味道，孔子说：“想不到音乐之美竟能达到如此境界。”

知识拓展

孔子与音乐

孔子是一位多才多艺的大师。据史料记载，孔子曾经为《诗经》中的一些民歌谱写曲子。另外，孔子擅长各种乐器，有时会一边弹琴一边为学生们上课。此外，孔子还四处拜师学习音乐。

孔子曾拜在著名乐师师襄子门下学习琴技。公元前 518 年，孔子拜访了周朝著名音乐家苌弘，他虚心地向苌弘请教了当时流行的音乐《武》和《韶》的细节问题。苌弘对孔子说，《韶》是舜帝时所创作的，表现的是舜帝作为圣人治理国家的风采，内容优美和谐；而《武》是周武王时期所作的，主要内容是歌颂周武王的战功。从内容和形式上来看，《韶》无论是内容还是形式都是尽善尽美，而《武》的形式完美，内容却稍逊一筹。

孔子认真听了苌弘的分析，大为叹服。

读《论语》学成语

释义

三月不知肉味：在很长一段时间内，吃肉都不知味道。形容做某事时专心致志，全神贯注，别的事情都不放在心上。现在也用来形容清贫，指很长时间没有吃过肉。

例句

对待学业，我们应该专心致志，心无旁骛，学习孔子“三月不知肉味”的精神。

小小思想家

不管做什么事情入了迷，都会达到忘我的境界。沉迷于美好的音乐是这样，阅读一本好书是这样，爱好课外兴趣活动也是这样。如果你专注地做自己喜欢的事情，就会有那种乐在其中的感觉，这时候，哪怕是美味当前，你也不愿意被打扰呢。

17.

没有谁的学问是天生就有的

孔子被称为“大成至圣先师”，他的思想博大精深，知识渊博无边。他修订或创作的《诗》《书》《礼》《乐》《周易》《春秋》等作品，成为后世读书人的必读经典。唐代柳宗元曾说过：“自从孔子将《春秋》修改过以后，那些为其作注分析的书籍层出不穷。这些书如果堆起来能塞满整间屋子，如果运出去会使牛马都累得出汗。”这也是成语“汗牛充栋”的来源。

那么，孔子这些渊博的知识是哪里来的呢？子路曾自豪地对别人说：“我们的老师太渊博了，他的学问大概是天生就有的吧！”

孔子不同意这样的说法，纠正他说：“我非生而知之者，好古，敏以求之者也。”意思是说，自己并不是“生而知之”的人，他的知识完全是靠后天勤奋学习得来的。

孔子否认自己是“生而知之者”。他之所以能够学识渊博，是因为他非常爱好古代的文化，经常钻研前人留下的典章制度和文献资料。而且，孔子勤奋刻苦、坚韧不拔，这才积累了大量的知识，这是孔子对自己学习生涯的总结。他这样说，是为了鼓励学生们一定要发愤图强，相信积累学问要依靠后天的努力，只有这样，才能成为学识渊博的人。

读《论语》学道理

原文

zǐ yuē wǒ fēi shēng ér zhī zhī zhě hào
子曰：“我非生而知之者，好

gǔ mǐn yǐ qiú zhī zhě yě
古①，敏以求之者也。”

——《论语 · 述而篇第七》

注释

① **好古：** 这里是指爱好、仰慕古圣贤学说的意思。

译文

孔子说：“我并非生下来就是有学问的人，而是喜好古代文化，依靠勤奋努力去求取知识的人。”

知识拓展

韦编三绝

孔子晚年时，非常喜欢读《周易》。

在他生活的春秋时期，纸张还没有出现，所以也没有现在的纸质书籍。那时候，字只能写或者刻在一片片竹子制成的竹简上。由于一部书要用到非常多的竹简，所以人们用熟牛皮制成的绳子将这些竹简编连在一起。韦，就是熟牛皮的意思。

那时候的书非常笨重，平时卷在一起收藏，阅读时就搬出来翻看。孔子非常喜欢《周易》，经常翻来覆去地阅读，最后竟把编连竹简的牛皮绳子磨断了许多次，这就是“韦编三绝”的由来。

读《论语》学成语

释义

生而知之：不用学习，生来就懂。

例句

没有人能“生而知之”，大家都必须通过勤奋的学习，才能掌握知识和技能。

小小思想家

你觉得科学家们生来就无所不知吗？钢琴家生来就技艺高超吗？文学家生来就满腹经纶吗？并不是。所有的成绩，都建立在勤奋努力的基础上。有句话叫“宝剑锋从磨砺出，梅花香自苦寒来”，讲的就是这个道理。每个成功的人背后，都有一段默默努力的时光，甚至还会历经常人想象不到的艰险与坎坷。

18.

不打无准备之仗

一天，子贡来问孔子如何培养仁德，如何成就伟业。孔子说了一句："工欲善其事，必先利其器。"

这句话的意思是说：无论做什么事，都要做好齐全的准备工作，打下良好的基础。这些基本的准备工作，不仅不会耽误事情进度，还会让事情更加顺利地完成。

子贡又问："如何把打基础与培养仁德联系起来呢？"

孔子说，在现实生活中，想要培养仁德，就要结交这个国家中的贤者，与优秀贤良的人交朋友。

历史上有名的"商鞅变法"取得成功，便是仰仗于此。

商鞅是战国时期著名的政治家、改革家、思想家、军事家。商鞅辅佐秦孝公，积极在秦国实行变法，使秦国一跃成为战国七雄中最富裕、最强大的国家，史称"商鞅变法"。

商鞅变法之所以能取得成功，是因为商鞅在推行新法之前做了充分的准备工作。为了树立威信，他让人在咸阳市场南门立下一根木杆，声称如果有人能把这根木杆搬到北门就赏给他十镒（yì，古代的重量单位，相当于现在的二十两）黄金。大家都不相信，没有人去搬木杆。

商鞅见没人相信，就不断增加赏金的数目，一直增加到五十镒黄金。终于，有一个人试着将木杆搬到了北门，他果然获得了赏金。这件事轰动了整个秦国，商鞅也因此树立了极大的威信，为推行新法奠定了基础。

除此之外，商鞅还努力结交朝廷中的重臣和贤良之士。在各种充分的准备下，商鞅成功实施了很多改革措施，使秦国迅速地富强起来，后来终于一统天下。

可见，无论做什么事，只有事先做好万全的准备，才能高效地完成工作，取得预期的成绩。

读《论语》学道理

原文

zǐ gòng wèn wéi rén　zǐ yuē　gōng yù shàn
子贡问为仁。子曰：“工欲善
qí shì　bì xiān lì qí qì　jū shì bāng yě　shì
其事，必先利其器。居是邦也，事
qí dà fū zhī xián zhě　yǒu qí shì　zhī rén zhě
其大夫之贤者，友其士[①]之仁者。”

——《论语·卫灵公篇第十五》

注释

❶ **士：**春秋时指有一定社会地位的人，后来泛指读书人。

译文

子贡问孔子怎样去培养仁德。孔子说："工匠要做好他的工作，必须先把他的器具打磨锋利。我们住在一个国家，就要敬奉官员中的贤人，结交那些士人中的仁者。"

知识拓展

特殊的"士"

"士"这个字的含义从古至今经历了多次变化。

据史料记载，早在"五帝"时代，"士"代表一种官职，相当于今天的警察或法官。周朝时候，"士"属于贵族阶层，位于贵族的最低一层。按照出身，孔子当时就属于"士"这个阶层。到了春秋后期，"士"逐渐成为中国古代社会读书人或者知识分子的统称。

"士"还有一些特殊意义。一般来说，"士"指那些读书人。从大的范围上说，那些有担当、有能力、胸怀大志的人都可算作"士"，其中的佼佼者，甚至可以称为"国士"。

读《论语》学短语

释义

工欲善其事，必先利其器：比喻要做好事情，必须先做好准备，创造条件。

例句

工欲善其事，必先利其器。这次比赛前他已经做了充足的准备，对自己非常有信心。

小小思想家

考试之前，我们一般都会将文具准备好，如：铅笔削好，尺子备好，橡皮带好……这就是“工欲善其事，必先利其器”。假如准备工作做不好，上考场后一旦慌乱，很有可能会影响成绩。

19.

孔子不是生来就多才多艺

一天，太宰前来拜访。他问子贡："您的老师孔子是位圣人吧？为什么他这样多才多艺呢？"

子贡回答说："这是因为上天注定让他成为圣人，所以才使他多才多艺。"

孔子听说这件事后，连连摇头说："你们还是不了解我啊！我少年时家境贫寒，学习了许多卑贱的技艺。真正的贵族君子是不会学这些技艺的！"

那么，孔子到底有哪些才艺呢？学识这方面就不多说了，这里我们主要讲孔子其他方面的才能。

孔子擅长音乐。他向当时著名的

乐师求教；为了学习《韶》三月不知肉味；学生们读书时自己常在一旁伴奏……

孔子驾驶马车和射箭的本领也广为人知。孔子身高臂长，在驾车和射箭方面很有天赋。除此之外，孔子还给三桓之一季氏家做过仓库保管员，将账务工作做得非常出色。后来又被提拔做牛马管理员，把牛马照顾得特别好，使得牛马繁衍成群，长得又肥又壮。

由此可见，孔子的才艺并不是天生的，而是通过学习和劳动获得的。他年轻时曾做过很多被当时的读书人瞧不起的工作，却并不隐瞒这些，不愧为圣人风骨啊！

读《论语》学道理

原文

tài zǎi wèn yú zǐ gòng yuē fū zǐ shèng
太宰①问于子贡曰：“夫子圣
zhě yú hé qí duō néng yě zǐ gòng yuē
者与？何其多能也？”子贡曰：
gù tiān zòng zhī jiāng shèng yòu duō néng yě
“固天纵②之将圣，又多能也。”

zǐ wén zhī yuē tài zǎi zhī wǒ hū
子闻之，曰：“太宰知我乎！
wú shào yě jiàn gù duō néng bǐ shì jūn zǐ duō hū
吾少也贱，故多能鄙事。君子多乎
zāi bù duō yě
哉？不多也。”

——《论语 · 子罕篇第九》

注释

❶ **太宰：**古代官名。

❷ **纵：**让，使，不加限制的意思。

译文

太宰问子贡道：“孔夫子是位圣人吗？为什么他这么多才多艺呢？”子贡说：“这是因为上天要他成为圣人，才使他多才多艺的。”

孔子听闻之后，便说：“太宰不了解我啊！我小的时候家境贫寒，所以学会了不少低等人才会的技艺。真正的贵族君子会学这样多的技艺吗？不会的。”

知识拓展

被赶出宴会的孔子

孔子的一生非常坎坷。他三岁丧父，十七岁丧母，日子过得很艰难。

就在孔子的母亲去世这一年，鲁国的执政上卿、三桓之一的季氏向全国发出通告，邀请鲁国所有“士”阶层的家族子弟去他家赴宴。

孔子的祖先是殷商天子，六世祖还曾执掌过宋国军政大权。虽然家道中落，但他家也算得上是“士”阶层成员。而且，这次宴会季氏特地发了通告，如果不去，可能会受到惩罚。另外，季氏是鲁国的执政，大权在握，参加他的宴会，是一种身份和地位的象征。因此，孔子决定去赴宴。

因为还在守丧期间，孔子穿着丧服前往。走到季氏府邸门口，季氏家的家臣阳货正在接待宾客。他看到孔子，将他阻止在外：“我们邀请的是士族，你怎么可以进去？”

阳货的话语和神情中充满了鄙视。十七岁的孔子，默默地回了家。他发愤图强，努力学习，逐渐成为一名大学问家。

20.

到处都有值得学习的人

孔子以熟悉周礼而闻名。一次，国君委托他到太庙主持祭祀周公的典礼。

在当时的礼制中，太庙是非常重要的场所，是祭祀周公的地方。在这样的场合，孔子非常严肃地对待这次典礼，每件事都会向别人请教，确认无误才会施行。

旁边有人不理解，阴阳怪气地嘲讽道："谁说孔子这个人精通周礼啊？他到了太庙里，什么都要请教别人！"

孔子泰然处之。弟子们听了却不服气，要与那人理论。孔子阻止他们说："什么叫作礼？遇到不懂的地方向别人请教，这就是礼啊！"

回到住处，弟子们仍然愤愤不平。孔子看着弟子们，笑着说：“生活中随时都可能遇到值得自己学习的人。这时候，选择他们的优点，向他们看齐和学习；发现他们的缺点，引以为鉴就可以了。如今，我向太庙的人请教，他们冷嘲热讽，你们要对他们的这种行为引以为戒，这样我们就学到了东西。”

读《论语》学道理

原文

rù tài miào měi shì wèn
入 太 庙①，每 事 问 。

——《论语 · 乡党篇第十》

注释

① **太庙：** 古代把开国的君主叫作太祖，祭祀太祖的庙叫太庙。周公旦是鲁国的开国之君，鲁国的太庙就是祭祀周公旦的地方。

译文

孔子主持太庙祭祀的时候，每件事都要详细地询问相关人员。

小小故事会

勤学好问的孔子

孔子是非常好学的人，为解除自己的疑惑，他四处拜师学艺。

鲁昭公十七年（公元前 525 年），著名学者郯（tán）子前来鲁国拜见鲁昭公，期间他发表了极其精彩的见解。二十七岁的孔子听说后，专门前往郯国，拜郯子为师，向郯子求教。

当时的孔子虽然年轻，但博学的名声早已传遍整个鲁国。郯子见孔子如此虚心前来求教，心中十分感动，两人在一起谈论了很久才分开。离开后，孔子感叹道："像郯子这样有学问的人，想见到太不容易了。"

孔子还听说老子很有学问，于是带着弟子，向老子学习有关周礼的知识。

从平民百姓到学问大师，只要能解答自己的疑惑，孔子都会虚心地向他们请教。孔子就是这样一位勤于请教的人。

小小思想家

我们在学习的过程中，既要"勤学"，还要"好问"，遇到问题不能想当然，要虚心向老师、同学请教。学习不能一蹴而就，需要一个过程，要像孔子一样，以实事求是的态度虚心对待。在写作文的过程中，也可以用孔子询问太庙中祭祀礼仪的事例作为素材，来证明虚心学习的重要性。

21.

做得过头与做得不够，都不好

一天，子贡前来询问孔子说：“子张和子夏这两位师弟，哪一位更贤能？”

孔子说：“师也过，商也不及。”这里的“师”指的是子张，“商”指的是子夏。孔子的意思是，子张做事很容易做过头，而子夏则容易做不到位。

子贡听得有点迷糊，又问：“这样说来，是不是子张更好一些？毕竟做到位了，只是过头了一些而已。”

孔子说：“过犹不及。凡事都有一个限度，做得过头与做得不够，二者都不好。”

子贡点点头说：“老师您说的‘过犹不及’，其实就是中庸之道啊！子张性格过于刚强，做事雷厉风行，很容易偏激；子夏学问渊博，为人谦和，却不够果断，遇事下不了决心。”

读《论语》学道理

原文

zǐ gòng wèn　shī yǔ shāng yě shú xián
子贡问：“师与商也孰贤？”

zǐ yuē　shī yě guò　shāng yě bù jí
子曰：“师也过，商也不及。”

yuē　rán zé shī yù　yú　zǐ yuē
曰：“然则师愈①与？”子曰：

guò yóu bù jí
“过犹不及。”

——《论语·先进篇第十一》

注释

① **愈**：超过、强于。

译文

子贡问孔子：“子张和子夏哪个更贤能？”孔子说：“子张做事容易做过头，子夏则做得不够。”

子贡又问：“那么，子张是不是更好一些？”孔子说：“做得过头与做得不够，同样都不好。”

知识拓展

子贡的才能

在孔子的学生中，子贡算得上是一位大人物。孔子一生坎坷，后来儒学能从诸子百家中脱颖而出，成为显学，与子贡在各个诸侯国的大力推动是分不开的。

子贡出身于商人家庭，善于经营，是孔门弟子中最有钱的，他还有着出色的政治和外交才能。《史记》记载，子贡行走列国，车马随从众多，所到的国家都以“贵宾”的礼仪待他。成语“卧薪尝胆”的主角越王勾践，听闻子贡来访，甚至到郊外远迎，这是孔子也没有得到过的礼遇。子贡把老师“贫而乐道，富而好礼”的教诲记在心头，一生都在坚定地捍卫孔子及其学说。

读《论语》学成语

释义

过犹不及：事情做得过了头，就跟做得不够一样，都不好。

例句

我们提倡适度的体育锻炼，如果运动过多对身体造成伤害，那就过犹不及了。

小小思想家

有的同学读书非常刻苦，但学习效果并不好，这是为什么呢？这可能是过犹不及的原因。有些同学晚上读书到深夜，白天上课时哈欠连天，上课效率低，效果反而更差。所以不管做什么事情，都要适度，做得不够跟做过了头一样，都是一种错误的行为。

22.

想成功，必须刻苦勤奋

古代很多工匠都十分勤劳，为了能够做出优秀的产品，他们经常居住在作坊内，不完成任务就不回家。

子夏认为，百工成事与君子学道非常类似，都需要通过自身的勤奋努力来实现。

这个世界上，很少有生下来便知晓一切的人，就连孔圣人，都称自己是“学而后知”。人们如果想达到自己的目标，必须通过长时间的努力学习才行。

在这方面，不管是造物的工匠，还是学习的读书人，想要有所成就，都必须刻苦勤奋地工作、学习，只有这样，才能“成其事”“致其道”。

读《论语》学道理

原文

zǐ xià yuē bǎi gōng jū sì yǐ chéng qí
子夏曰：“百工居肆①以成其

shì jūn zǐ xué yǐ zhì qí dào
事，君子学以致其道。”

——《论语 · 子张篇第十九》

注释

① **肆：**古代指那些制造物品的场所和摆放贩卖商品的店铺。

译文

子夏说：“各行各业的工匠在制造场所里完成他们分内的工作，君子则通过不断的学习来实现自己的追求。”

知识拓展

有个性的子夏

子夏是孔子著名的弟子之一，被孔门弟子尊称卜（bǔ）子。他是春秋末期著名的思想家、教育家，孔门十哲之一。

子夏性格沉默，学习非常勤奋，且武艺高强，喜欢与贤能的人交往。他青年时代便求学于孔子，在孔门中以“文学”著称，是孔门七十二贤人之中著名的文科“高才生”。

子夏跟孔子求学时，经常会有举一反三的独到见解。但子夏并不像颜回、曾子一样完全听从于孔子，他经常提出具有独创见解的思想。孔子对子夏很欣赏，但也经常批驳他的一些观点。

孔子去世后，子夏前往魏国教书育人，把儒学发扬光大。他被魏文侯尊为师傅，还收了李悝、吴起为弟子。子夏的这些弟子后来逐渐发展成为法家、兵家的代表人物，有的甚至改变了战国的历史走向。

小小思想家

我们经常听到“匠人精神”这个词语，用来形容那种精益求精，勤奋工作的精神。这说明世界上任何一个职业或者工作都需要勤奋与努力才能成功。作为小学生，在学习的过程中，也需要有这种精神。

敲黑板：本节中表达了儒家对勤奋品德的看重，可用于作文题目“勤奋好学”等主题的论据。

23.

学习的快乐与环境无关

谈到颜回，孔子总是赞不绝口。

颜回的确是一位好学的君子。他的生活贫困，饮食常常只有一竹篮饭，一瓢清水，居住的地方是在一条简陋的小巷，这就是颜回的日常生活。很少有人能够受得了这种穷苦的状态，颜回却甘之如饴，丝毫不改变他好学的快乐。

颜回的贤能，体现在以下几方面。

第一，颜回好学。孔子本身就是“学而不厌”的人，所以他很喜欢好学的颜回。颜回的好学精神，甚至超过了孔子。

第二，颜回能悟。孔子提倡“举一反三”，颜回坚持以此为标准进行学习。颜回甚至可以闻一知十。

第三，颜回德高。颜回安贫乐道，淡然守志。某一次，孔子问颜回：“你家里很穷，房子也小，为什么不去做官呢？”颜回回答说：“我家有些田地，虽然收入不多，但足够谋生。我有琴瑟可以娱乐，还可以从老师身上学到东西，为何要出去做官？”

读《论语》学道理

原文

zǐ yuē xián zāi huí yě yì dān
子曰：“贤哉，回也！一箪①
shí yì piáo yǐn zài lòu xiàng rén bù kān qí yōu
食，一瓢饮，在陋巷，人不堪其忧，
huí yě bù gǎi qí lè xián zāi huí yě
回也不改其乐。贤哉，回也！”

——《论语 · 雍也篇第六》

注释

❶ **箪：**一种古人盛饭的竹器，形状类似圆形。

译文

孔子说："颜回多么贤德啊！一竹篮饭，一瓢水，住在简陋的小巷子里，一般人根本无法忍受那样的贫困，颜回却不改他的快乐。颜回多么贤德啊！"

知识拓展

眼见不一定为实

有一次，孔子在陈国和蔡国之间的地方被歹人围困，断了粮食供应，七天没能吃上一顿饭。颜回外出去乞讨，讨回来一些米便拿来煮饭。饭快要熟的时候，子贡看到颜回用手去抓锅里的米饭吃，以为他在偷吃，于是悄悄告诉了孔子。

后来，颜回恭敬地请孔子吃饭，孔子假装不知道颜回私自抓饭吃这件事情，说："我刚刚做了一个梦，梦见我的祖先。你把做好的饭拿来，我先祭奠祖先，然后再分给大家吃。"颜回说："老师，这饭怕是不能拿来祭拜祖先了。刚刚有炭灰飘进锅里，把米饭弄脏了，我觉得丢掉很可惜，于是就把被污染的米饭抓来吃掉，剩下干净的饭拿给您吃。但这饭已经被污染了，没法用于祭奠这样重要的活动。"

颜回出去后，孔子叹息道："按理说我们应该相信眼睛所看见的事情，但是看到的也不一定是真相；按理说我们应该相信自己的内心，但自己的内心有时也不能相信。要了解一个人真的很难啊。”

读《论语》学成语

释义

箪食瓢饮：原来的意思是一竹篮食物，一瓢水。后用来形容贫苦的生活。

例句

古时候的先贤，安贫乐道，箪食瓢饮，却能做出优秀的学问；如今的我们，衣食无忧，更应该发奋读书。

小小思想家

不管生活在多么穷困清苦的环境，颜回始终没有改变他好学的本性。生活条件优越的我们，还有什么理由不好好学习呢？

24.

真理面前，人人平等

在《论语》中，子路是被孔子提到次数最多的弟子，也是经常被孔子批评的弟子。

但子路并不是一个坏人，相反，他是一位真正的君子。子路个性率真，胸怀坦荡，敢直接对孔子提反对意见。

鲁定公八年，鲁国大臣公山不狃（niǔ）占据费城，起兵反抗鲁国执政大臣季氏。他想收买人心，邀请孔子前来做官。在此之前，孔子一直因为没有人任用自己而郁郁不得志，听到这个消息后不由心动。子路直接阻止说：公山不狃不过是个造反的乱臣贼子，去做他的下属，会毁掉您这些年积攒下来的声望啊。您如果没有可去的地方，就接着办学校教书育人，为什么非去这个叛贼那里呢？孔子听了他的话，最终没有去做官。

孔子六十五岁那年，晋国叛臣佛肸（bì xī）反抗执政的大臣赵简子，派人请孔子去做官，孔子动了心。子路说："我曾听老师您说过：'君子是不会去坏人那里的！'。现在佛肸反叛，您前去投奔他，这是什么行为呢？"孔子再次打消了做官的念头。

由此可见子路在原则问题上的态度。对此，孔子也有客观的评价。众所周知，颜回是孔子最器重的弟子，但孔子却说，颜回不是可以帮助自己进步的人。这是因为，颜回终生都以孔子为榜样，而子路则不同。面对真理，子路有勇气坚持原则，向老师提出反对意见，促使孔子不断正视自身的缺点。

孔子非常注重培养学生的独立思考能力，希望他们不惧权威。他曾对学生们说："当仁，不让于师。"

孔子的这句名言，让后世所有追求真理、力求上进的人们鼓足了勇气。在真理面前众人平等，哪怕是师长也不能例外。

读《论语》学道理

原文

zǐ yuē dāng rén bú ràng yú shī
子曰："当[1]仁，不让于师。"

——《论语·卫灵公篇第十五》

注释

1 **当：** 面对，遇到的意思。

译文

孔子说："面对仁德的事，即便是老师，也无须对他谦让。"

知识拓展

子路之死

子路一开始在鲁国做官，后来去了卫国，在大夫孔悝(kuī)手下做官。卫庄公元年(公元前480年)，大夫孔悝的母亲伯姬谋划立自己的弟弟蒯聩(kuǎi kuì)为国君，胁迫孔悝发动政变，谋害在位的国君卫出公，卫出公闻讯后仓皇出逃。

此时的子路正在孔悝手下担任总管，听说有人想谋害卫出公，便义愤填膺地去都城制止此事。城门将要关闭了，有人劝子路说："大局已定，国君都逃跑了，你不要进城去白白送死。"

子路严肃地说：“食君之禄，忠君之事。”说完他进入城中拜访蒯聩，想要制止这次政变。

蒯聩知道子路的来意，命令手下士兵围攻子路。子路身受重伤，头上的帽缨也断了，他说：“君子即使要死，也得衣冠整齐。”于是系好帽缨，英勇就义。

孔子早就料到子路的结局。他深知子路性格刚强，所以说过“若由也，不得其死然”，准确地预言了子路不得善终的结局。但在子路看来，只要是真理，就必须捍卫。

读《论语》学成语

释义

当仁不让：原指在仁德方面不能谦让。后指遇到应该做的事就积极主动去做，不推不让。

例句

班级挑选长跑运动员，浩明同学当仁不让，第一个报名。

25.

举一反三是最重要的学习能力

一日，子贡和孔子聊天。

子贡问孔子："贫穷时不讨好君主，不巴结富人；富裕时不趾高气扬，不欺负穷人。这样的人，老师认为怎么样？"

孔子回答道："这已经很不错了。不过，更好的是贫穷时自得其乐，富裕时要尊道重礼。"

子贡继续问："诗经中所说的'切磋琢磨'，就是这个意思吧？"

"如切如磋，如琢如磨。"这句话来自《诗经》，原来的意思是指加工象牙、玉石等物品时，要先切割，然后磋磨，再雕琢，最后进行抛光处理，简称切磋琢磨。后来引申出来的意思是对自己的修养品德要认真打磨，并举一反三。

孔子高兴地说：“子贡啊，现在可以和你讨论《诗经》了。你已经可以举一反三，有所发挥了。”

孔子之所以表扬子贡，是因为子贡在讨论人性的修养时，联系到《诗经》中的问题。通过深度思考更加深刻地理解了《诗经》，也更加深刻地认识了人性，这就是举一反三的过程。

孔子对子贡的思考能力非常欣慰。因为他一直认为，读书学习，最重要的是融会贯通，举一反三。子贡可以从老师的教导联想到《诗经》中“如切如磋”的诗句，这样由此及彼，理解得更加透彻，这就是会听课、会读书、会思考的表现，当然要表扬了。

读《论语》学道理

原文

zǐ gòng yuē pín ér wú chǎn fù ér wú
子贡曰：“贫而无谄[1]，富而无
jiāo hé rú zǐ yuē kě yě wèi ruò pín
骄，何如？”子曰：“可也。未若[2]贫
ér lè dào fù ér hào lǐ zhě yě
而乐道，富而好礼者也。”

zǐ gòng yuē shī yún rú qiē rú
子贡曰：“《诗》云：‘如切如
cuō rú zhuó rú mó qí sī zhī wèi yú
磋，如琢如磨’，其斯之谓与？”
zǐ yuē cì yě shǐ kě yǔ yán shī yǐ
子曰：“赐也，始可与言《诗》已
yǐ gào zhū wǎng ér zhī lái zhě
矣，告诸往而知来者。”

——《论语 · 学而篇第一》

注释

1. **谄：** 谄媚，奉承巴结。
2. **未若：** 不如，不及。

译文

子贡问道：“贫穷却不巴结谄媚，富贵却不骄奢淫逸，这样的人怎么样？”孔子回答：“这样的人可以了。不过，这些人还是不如那些贫穷却乐于坚守道义，富贵而崇尚礼仪的人。”

子贡问道：“《诗经》中说‘君子的自我修养，

就像加工骨器一样切了还要磋，就像加工玉器一样琢了还得磨。’就是这样的意思吧？”孔子回答：“赐呀，现在可以同你探讨《诗经》了。告诉你一层意思，你能举一反三，知道更深层的意思了。”

知识拓展

《诗经》

《诗经》是我国第一部诗歌总集，收集了西周初年至春秋中期的诗歌，共305篇。《诗经》是劳动人民共同创造的文学作品，由于历史久远，大部分作者已经无法考证。

《诗经》最初只称作《诗》，所以孔子时说“诗三百”。孔子的时代，可供阅读的书很少，孔子对《诗经》进行整理加工、编辑成册，供人们学习。后世把《诗经》与《尚书》《易经》《礼记》《春秋》合称“五经”，并将这些作为儒家弟子的经典教材。

读《论语》学成语

释义

安贫乐道：安于贫困，乐于坚持自己的信仰和道德准则。

例句

古代有很多贫困却有骨气的读书人，他们是安贫乐道的典范。

论语好好读

品德篇

刘光成 曲君伟 兰婧/编著

中国轻工业出版社

目录

己所不欲，勿施于人。

1.

做人首先要有好的品德

子夏是孔子晚年招收的弟子，他才思敏捷、个性勇武，喜欢与贤明的人相处。

子夏主张与时俱进，不赞同死板地学习书上的知识。一天，有个人来问子夏：“读书多的人，就一定有学问吗？”

子夏笑着摇了摇头。他认为，一个人到底有没有学问，不是看他读书多不多，也不是看他是不是能言善辩，而要看他的品德。如果一个人贤明、孝顺、忠诚、诚信，那么，就算这个人没有学过多少书本上的知识，他也值得大家去学习。

读《论语》学道理

原文

子夏曰：“贤贤易色①；事父母，能竭其力；事君，能致②其身；与朋友交，言而有信。虽曰未学，吾必谓之学矣。”

——《论语 · 学而篇第一》

注释

1. **贤贤易色：**其中第一个“贤”是动词，表示尊重，推崇；第二个“贤”是名词，贤德。易，替代。色，注重容貌的做法。
2. **致：**奉献，给予。

译文

子夏说：“要看重一个人的品德，而不是他的容貌；侍奉父母时，能尽心竭力；服侍君上时，能尽职尽责；交朋友时，能诚实守信。这样的人，就算他说自己没学习过，我也一定会说他学过了。”

知识拓展

三豕（shǐ）涉河

子夏在学习中，擅长深入思考，不盲从权威，有自己独到的理解，经常举一反三，孔子对他非常赞赏。

有一次，子夏途经卫国，有一位读过史书的人说："晋军三豕过黄河。"三豕，就是三只猪的意思。子夏觉得不对劲，他判断说："不是这样的，是己亥日过黄河。上古的文字中，'己'与'三'相似，'豕'与'亥'相似。"

原来，"己亥日"是用干支表示日期的方法，古人从商朝就开始使用这一方法。后来，子夏去了晋国，又特意询问了当地人，果然晋国军队是在己亥这一天渡过黄河的。

这个故事被记载入《吕氏春秋》中，后人引申出"三豕涉河"这个成语，用来比喻那些文字传写、刊印的错误。

读《论语》学成语

释义

言而有信：说出的话一定会做到。形容人说话靠得住，讲究诚信。

例句

他向来说到做到，言而有信，所以大家都很信任他。

小小思想家

子夏认为，一个人即使没有多少学问，但如果他有好的品德，也应该向他学习。以高尚的品德教育世人的道德榜样，同样是我们的老师。想一想，你身边有没有一些品德高尚的人？试着把他的事迹写下来吧。

敲黑板：“与朋友交，言而有信”，这一观点可用于作文“诚信的品质”“人际交往”等主题的论据。

2.

孝顺父母，尊敬兄长

相传，舜的母亲早逝。父亲、继母和继母所生的弟弟象，都特别不喜欢舜，总是想害他。他们派舜去修补谷仓，当舜到了仓顶时，就在下面放起火来。幸好，舜当时带了两顶大斗笠，情急之下，舜手持斗笠像小鸟一样飞了下来，方才脱险。

后来，他们又派舜去挖井，等舜到了井底，父亲和弟弟就在上面填井。舜赶紧挖了一条地道，才捡回一条性命。

但是，舜毫不记恨，一如既往地孝敬父母，友爱弟弟。他的孝顺感动了天帝，天帝派大象来帮他耕地，让小鸟来代他锄草。

当时的君主尧听说了舜的事情，把女儿嫁给了他，让他继承君主之位。舜当上君主后，依然恭敬地探望父亲，爱护弟弟。

孔子的弟子有子在讲课时说，所谓“孝悌”之道，就是孝顺父母，尊敬兄长。

读《论语》学道理

原文

yǒu zǐ yuē qí wéi rén yě xiào tì
有 子[1] 曰：“其 为 人 也 孝 弟[2]，

ér hào fàn shàng zhě xiǎn yǐ bú hào fàn shàng ér
而 好 犯 上 者，鲜 矣；不 好 犯 上，而

hào zuò luàn zhě wèi zhī yǒu yě jūn zǐ wù běn
好 作 乱 者，未 之 有 也。君 子 务 本，

běn lì ér dào shēng xiào tì yě zhě qí wéi rén zhī
本 立 而 道 生。孝 弟 也 者，其 为 仁 之

běn yú
本 与！”

——《论语·学而篇第一》

注释

1 **有子：**即有若，孔子的学生。

2 **弟：**读音和释义跟“悌”相同，指弟弟尊敬兄长。

译文

有子说：“孝顺父母、敬爱兄长，却喜欢冒犯上级的人，很少；不喜欢冒犯上级，却喜欢作乱造反的人，从来没有过。君子致力于根本，根本树立了，‘正道’便随之产生。孝顺父母、敬爱兄长这些品质，大概就是‘仁’的根本吧！”

知识拓展

嫡长子继承制

我国古代自商周时期开始，在后代继承的问题上，大多数统治者都选择了嫡长子继承制，即王位或皇位会由正妻生的第一个儿子来继承。平民家庭中，财产的继承也大多遵循这个制度。

嫡长子继承制强调尊卑、长幼有序，儿子不能冒犯父亲，弟弟不能不尊敬哥哥。现在看来，这种制度有一些不合理的地方。不过在当时，还是起到了维护社会稳定的作用。

读《论语》学短语

释义

本立道生：只要做好根本，不管是治国还是做人的准则，也自然就产生了。用来形容凡事都要致力于其根本。

例句

人生是一棵树，本立道生，坚定正确的价值观，就像树根深埋地下，才能成长为参天大树。

小小思想家

孝顺父母是中华民族的传统美德。父母向我们倾注了无限的关爱，我们要对父母充满感恩之心。你有想对爸爸妈妈说的心里话吗？快写下来吧！

敲黑板：“孝弟也者，其为仁之本与”，这一观点可用于作文“家庭和睦”“敬爱师长”等主题的论据。

3.

每天都要反省自己的言行

孔子的学生曾子，品德十分高尚。孔子十分认可曾子的德行，非常喜欢他。孔子在临终前，还将他的孙子子思托付给曾子，让子思跟着曾子学习。

孔子去世后，弟子们想推举出一个人来，继续孔子的事业。子夏、子张、子游认为有若跟孔子长得很像，想让有若来继承孔子的衣钵。

曾子知道了，认为这样不妥。他直言不讳地说：“老师的德行，就像大江大河里的水一样，滋润万物；像天上的太阳一样，普照大地。怎么能只因为跟老师面貌差不多，就把他当成老师呢？”

曾子之所以德行高尚，一个重要的原因，是他每天都会多次自我反省，经常检查、反思自己的言行。

读《论语》学道理

原文

zēng zǐ yuē wú rì sān xǐng wú shēn wèi
曾子曰：“吾日三省①吾身：为

rén móu ér bù zhōng hū yǔ péng yǒu jiāo ér bú xìn
人谋而不忠乎？与朋友交而不信

hū chuán bù xí hū
乎？传②不习乎？”

——《论语·学而篇第一》

注释

① **三省：**“三”并非实数，而是多次的意思。“省”，自我反省、自我检查的意思。

② **传：**此处是动词作名词用，老师传授的知识、课业。

译文

曾子说：“我每天都会自我反省很多次：替别人办事的时候，有没有尽心竭力呢？同朋友们交往的时候，有没有诚实守信呢？老师传授给我的学业、知识，是不是认真复习了呢？”

小小故事会

曾子杀猪

曾子是一位特别诚信的君子。有一次，曾子的妻子要去集市，她的儿子闹着也想去。曾子的妻子哄他说：“你乖乖在家里，等我从街上回来，就把猪杀了，炖肉给你吃。”儿子听后十分高兴，就不吵着要跟去了。

不料，等曾子的妻子回到家时，丈夫曾子真的已经把猪抓来，准备杀掉。妻子大惊失色，连忙劝阻曾子说：“我不过是哄小孩才骗他说要杀猪的，你怎么还真杀起猪来了？”

曾子严肃地说：“不能欺骗小孩子，和他们随便开玩笑。小孩现在还不懂事，只会听从父母的话，学习父母的行为举止。如今你哄骗孩子，就是在教他今后去哄骗他人。如果做母亲的欺骗孩子，孩子就再也不会相信母亲了。这不是正人君子教育孩子的做法。”

曾子信守承诺，真的杀了猪炖肉给孩子吃。这个故事记载在《韩非子》中，被后世称之为“曾子烹彘（zhì）”，成为教育孩子的典范，一直流传下来。

知识拓展

古文的数字

古文中的“三”和“九”，跟我们今天的“三”和“九”是一个意思吗？

我们在学习古文时，经常会看到“三”“九”这两个数字。不过，古人说的“三”“九”，与我们现在说的，可不是一个意思。在古文中，这两个字表示的并不是一个具体的数字，而是指代数量很多的意思。比如说本文中，“三省吾身”不是指每天反思三次，而是每天反思很多次的意思。

读《论语》学成语

释义

三省吾身：每天多次反省自己。也用来泛指多次自觉地检查自己。

例句

我们要学习先贤每日“三省吾身”的习惯，努力提高自己。

小小思想家

我们每个人在生活中，难免会犯一些错误。有些人就会找外界因素为自己辩解。静下心来仔细想想，这些错误跟自己真的没有关系吗？曾子说的“每日三省吾身”，很值得我们学习。每天睡觉前，总结自己一天的收获，发现自己的不足并改进。坚持下来，相信你一定会获得非常大的进步！

敲黑板：“三省吾身”，这一观点可用于作文“品德培养”“自我反思”等主题的论据。

4.

生命比钱财更重要

根据《史记》和《孟子》的记载，孔子曾任职乘田吏，负责管理“苑囿(yòu)”，也就是负责牛羊等牲畜的放牧、饲养等。这些工作，孔子都尽心做好。

孔子擅长养马，家中也养了一些骏马。有一天，他去上朝的时候，家里突然发生了火灾，有几匹马被烧死了。

散朝后，孔子回到家中。仆人向他禀报发生了火灾的事情，很担心自己会被孔子怪罪。出乎意料的是，孔子只是问他：“有没有人受伤呢？”至于马的伤亡情况，他连问都没有问。

孔子素来讲求“仁”。在他心中，人的生命更重要。孔子是一位真正轻财重物的君子。

读《论语》学道理

原文

jiù fén zǐ tuì cháo yuē shāng rén
厩①焚。子退朝，曰：“伤人
hū bú wèn mǎ
乎？”不问马。

——《论语 · 乡党篇第十》

注释

❶ **厩：** 这里指马棚。通常也用来泛指牲口棚。

译文

孔子家的马棚失了火。孔子退朝回来，问：“伤到人了吗？”没有问马怎么样了。

小小故事会

人才是最珍贵的宝物

有一次，齐威王和魏惠王会面，商议一同前往郊外打猎。魏惠王问道：“齐国有没有什么宝贝可以让本王见识一下？”

齐威王想了想，说：“我们齐国真没有什么特别的宝贝。”

魏惠王听后，扬扬得意地说：“我们魏国虽然小，尚且有十枚能照亮前后各十二辆车的大珍珠。齐国这样大的国家，怎么可能没有宝贝呢？”

齐威王说："那是因为我所说的宝贝和您说的有所不同啊。我有位叫作檀子的大臣，如果派他守南城，楚人就不敢侵犯，泗河流域的十二个诸侯国都排队前来朝见我；我有位叫作盼子的大臣，派他驻守高唐地区时，赵国人连在那附近的黄河上打鱼都不敢；我有位叫作黔夫的官员，派他驻守徐州，燕国人就对着徐州的北门求平安，赵国人就对徐州的西门求赐福，要求迁移到齐国居住的家庭有七千多家；我有位叫作钟首的大臣，派他去防备盗贼，在他治下，就算把财物丢在路上，都没有人捡。这四位名臣光芒照耀千里，岂是十枚珍珠所能比的呢！"

魏惠王十分尴尬，脸上露出了惭愧的神色。

小小思想家

与金钱比起来，生命更加宝贵。钱没有了还能再赚，生命却只有一次。当金钱与生命发生冲突的时候，我们一定要果断地选择珍惜生命。比如，发生火灾的时候，我们要坚决听从消防员叔叔的指挥，迅速撤退。在日常生活中，我们也要树立安全意识和自我保护意识，珍爱生命，远离危险。

敲黑板："孔子问人不问马"，可用于作文"生命的可贵""注重安全，珍爱生命"等主题的论据。

5.

话要慢慢说，事要快快做

有一天，孔子与弟子们谈论什么是“真正的君子”时说：“作为一名君子，说话的时候必须谨慎、迟缓，行动的时候必须敏捷、快速。”

真正的君子，在说话之前要多想几遍，哪怕慢点也不要紧，但说出的话就要做到，说了不做，那就是空话、大话。

君子的话一旦说出口，就要实行。

相传，周朝的武王去世后，王叔周公辅佐年幼的周成王。有一天，周成王和弟弟叔虞在一棵大梧桐树下玩耍。周成王童心大起，在地上寻了一片桐树叶，将其剪成玉珪（guī）的形状，送给弟弟叔虞，说：“把这块土地分封给你。”叔虞听后，兴奋地跑去告诉周公。

周公听完叔虞的话，立刻换了上朝的礼服，赶到宫中请成王下旨册封叔虞。

周成王笑着说："不过是玩笑话罢了。"周公严肃地说："老百姓都能说到做到，何况您是天子！若不封赏，那么天下的百姓就再也不会信赖您了！"周成王只好把土地封给弟弟叔虞。

周公认为，君无戏言，话不能随意说，但既然说了，就一定要遵守。

读《论语》学道理

原文

zǐ yuē jūn zǐ yù nè yú yán ér mǐn yú xíng

子曰："君子欲讷①于言而敏②于行。"

——《论语 · 里仁篇第四》

注释

❶ **讷：** 迟缓、迟钝，这里是谨慎的意思。

❷ **敏：** 快速、敏捷。

译文

孔子说："君子说话时必须谨慎迟缓，而行动时则要敏捷快速。"

知识拓展

周公究竟是谁

我们在《论语》或者其他一些著作中，经常会看到"周公"的称呼。那么，周公是谁呢？

其实，严格来说，周公在最开始并非单指某一个人，而是一个爵位或官职的名称，类似于"鲁侯"或"齐王"等称呼。

历史上最有名的周公是周公旦。周公旦姓姬，名旦，又称叔旦。他是周武王的弟弟，与姜子牙同为西周的开国元勋。周朝建立后，周武王赐给姬旦一块土地作为采邑，这块土地被叫作"周"。此后，周公变成了治理周地的官职名称。周公旦又被称为周文公。

周公旦过世后，他的儿子君陈继位。君陈本名姬陈，君是尊称。君陈是周公旦的次子，他是第二代周公，又被称为周平公。

周公旦率军南征北战，平定叛乱；还制礼作乐，创制了一系列礼乐制度，主张以“礼”治国，为西周的强盛奠定了基础，使天下归心，对后世有巨大的影响力。后世所说的周公，一般指的就是周公旦。

读《论语》学成语

释义

讷言敏行：形容说话小心谨慎，行动做事敏捷果断。

例句

他是一个讷言敏行的人。平时看起来木讷沉闷，但是做起事情来却非常的快速和果断。

小小思想家

我们在急于表达自己的观点时，常常会因口不择言，说出一些不太礼貌的话。说出口的那一刻，又会非常后悔，担心出口伤人。如果能在说话前多思考，就能减少这些不愉快的发生。

敲黑板：“讷于言而敏于行”，这一观点可用于作文“谨慎说话”“培养执行力”等主题的论据。

6.

志趣不同，不要在一起做事

一天，冉雍问孔子："老师，您曾经赞叹古代隐士伯夷、叔齐兄弟二人是贤者，那我们要向他们学习隐居吗？"孔子摇摇头说："道不同，不相为谋。"

对于伯夷、叔齐，孔子赞赏他们友爱兄弟、相互谦让、不与统治者同流合污的气节。

孟子也说过，伯夷这个人，不是他认可的君主就不会去侍奉，不是他喜欢的朋友就不去结交；他不肯与坏人同时在朝廷中做官。

在伯夷看来，跟坏人打交道，就像穿戴着上朝的礼服，却坐在肮脏的烂泥黑炭上一样污秽。所以他选择了避世隐居这条路。

然而，对于避世隐居的行为，孔子是不赞成的。孔子所追求的是入世拯救万民，将自己的政治主张推行于天下，所以他说："志向和主张不同，不能在一起筹谋商量事情。"

孔子用"道不同，不相为谋"这句话把自己与伯夷这样的隐士区分开来。这句话也成为流传千古的名言。

孔子认为，人生志向不一样的人，不能在一起做事。唯有那些志向相投的人，才能患难与共，携手并进。

读《论语》学道理

原文

zǐ yuē dào bù tóng bù xiāng wéi móu
子曰："道不同，不相为谋①。"

——《论语 · 卫灵公篇第十五》

注释

① **谋：**商量。

译文

孔子说："志向和主张不同，不能在一起筹谋商量事情。"

小小故事会

伯夷与叔齐

传说商朝时，北方孤竹国的国君有三个儿子：长子伯夷，次子亚凭，三子叔齐。孤竹君生前最喜欢三子叔齐，有意立他为继承人。后来孤竹国君去世了，君位却没有传给叔齐。因为按照当时的社会传统，应当由嫡长子伯夷即位。伯夷推辞说："父亲生前有意传位给叔齐，我们应该尊重父亲的遗愿。"于是主动放弃了继承君位的权利，孤身逃出国。没想到叔齐也推辞不就，说："我如果继承君位，既破坏了道德礼制，又对不起兄长。”于是也逃出了孤竹国。臣民只好拥立亚凭为国君。

伯夷与叔齐听说西岐的西伯昌德行很好，就前去投奔。不久，西伯昌去世了。西伯昌的儿子、新继位的周武王姬发将西伯昌的木制灵牌放在兵车上，起兵讨伐商纣王。伯夷、叔齐听闻后大惊失色，上前勒住武王的马缰劝谏说：“您的父亲刚死还没下葬，你们就要发动战争，这是不孝；作为殷商的臣子起兵去讨伐君主，这是不仁啊！”周围的士兵大怒，想要杀掉他们。太公姜子牙说：“这两位是有气节的人，不能杀。”

周武王灭掉殷商之后，伯夷、叔齐认为接受周武王的统治是一件耻辱的事情，于是隐居在首阳山上。他们俩不肯吃周朝的粮食，平时只靠采摘野菜充饥，最终双双饿死在首阳山。

读《论语》学成语

释义

不相为谋：彼此观点不一样，不在一起共同谋划事情。

例句

因为我们的观点大不相同，所谓“道不同，不相为谋”，大家不必非要勉强在一起合作。

7.

传播谣言是不道德的行为

孔子的弟子曾参，与母亲居住在鲁国的费地。

一天，费地发生了一起杀人案，杀人犯是与曾参同宗族的一个人。巧合的是，那个人也叫曾参。案件发生时，曾参刚好外出游历，没有在家。

曾参的母亲在家纺布的时候，突然外面有人跑了进来，万分紧急地向曾参的母亲报告说："快逃吧，您的儿子曾参杀人了！"老母亲看了他一眼，坚定地说："我的儿子品行高洁，拜在孔门之下，绝不会杀人。"说完，只管织自己的布，不再理会。

过了一会儿，又有一个人心急火燎地跑过来，对曾参的母亲说："您的儿子杀人了！"曾参的母亲气愤地说："不要再血口喷人了，我儿子平日奉公守礼，绝不可能做出杀人这种坏事！”还是不理他，照常织自己的布。

又过了一会儿，第三个人跑来曾家，十万火急地说：“您怎么还有心情织布，您的儿子曾参杀人了！”曾参的母亲这次终于信以为真，她心里害怕，浑身发抖，迅速扔掉织布的梭子，翻墙逃跑了。

曾参素来以贤德著称，他的母亲是世界上最信任他的人。如今只是三个人来说曾参杀了人，就连最慈爱、最信任他的母亲都相信了，可见谣言的可怕性。

《战国策》中记载了这个故事，成语“曾参杀人”就出自这里，比喻流言可畏。

针对流言，孔子曾说：“你们不要传播未经证实的消息。这种行为是不道德的。”四处传播小道消息是一种违背道德准则的行为，不符合君子之道，会给他人或者社会带来巨大的隐患。孔子坚决反对这种行为，希望自己的弟子引以为戒，保持“不信谣、不传谣”的作风。

读《论语》学道理

原文

zǐ yuē dào tīng ér tú shuō dé zhī qì yě

子曰：“道听而涂①说，德之弃也。”

——《论语·阳货篇第十七》

注释

① **涂：** 同“途”，途中的意思。

译文

孔子说：“把道路上听来的消息四处传说，是一种背弃道德的行为。”

知识拓展

衍（yǎn）文

《论语》中有一句“愿车马衣轻裘与朋友共，敝之而无憾”。这句话的“轻”字并非春秋时期的《论语》原文所有，而是后人加上去的。这种现象叫作“衍文”，即古人在传抄文章过程中不小心误增的字。

古代科技水平低，在很长一段时间内，传播文化的主要手段是抄书，因此衍文的现象并不少见。

造成衍文的原因很多。有时因两个字比较相近所以抄错，比如《汉书·窦田灌韩传》里面的“窦婴、田蚡皆以外戚重，灌夫用一时决策而各名显”，句中的“各”与“名”两个字的字形相近，所以多了一个“各”字。《史记》中则是正确的说法：“灌夫用一时决策而名显”。

有时因上下文的关系而抄错，比如《左传·僖公二十八年》：“晋侯患之，听舆人之谋曰：‘称舍于墓’。”句中的“曰”“称”都是“说”的意思，其实是重复了，应删掉一个。

还有的是抄写人误把前人在古书上做笔记的字当成正文。比如《史记·刺客列传》中有“臣欲使人刺之，众终莫能就。”句中的“众”字其实是“终”的通假字，有人在“众”旁注释了一个“终”字，抄书人便错误地将“终”字一并抄入了正文，这也是一种衍文现象。

读《论语》学成语

释义

道听途说：从半路上听来的消息，比喻没有根据的传闻。

例句

杨老师说，这则消息不过是道听途说而已，不必深究。

小小思想家

当今是一个信息爆炸的时代。发达的网络，多样的自媒体，各种各样的消息铺天盖地，让人难分真假。在这种环境下，我们要提高自己的鉴别能力，对道听途说的消息、未经证实的新闻，要时刻保持清醒，不随意传播，也不能轻信。

8.

做一个诚实守信的人

春秋时期，吴王寿梦有个儿子名叫季札，人称季子，是才华出众的文艺评论家。孔子对诗歌的评价，就深受季子的影响。

季子很讲信义。有一次，季子奉吴王之命访问晋国。途中，他顺路拜访了徐国。当时，徐国国君很喜欢收集宝剑，他看到季子的宝剑非常锋利，十分羡慕。

季子对人一向大方，可他接下来还要出使晋国，随身佩着的这把宝剑，是身份和礼仪的象征。因此季子在心里做出承诺，出使晋国之后，回程时将这把剑赠给徐国国君。

没想到，季子从晋国回来的时候，徐国国君已经去世。季子非常伤心，他找到徐国国君的坟墓，把剑挂在了旁边的树上。

季子这种守信的行为让后人敬仰。

孔子认为，为人、处世、交友、育人，无论哪一件事，“诚信”在其中都有着非常重要的作用。人无“信”不立，失去了信用，便失去了获得别人信任的基础。所以孔子说：“人而无信，不知其可也。”

读《论语》学道理

原文

子曰（zǐ yuē）："人而无信（rén ér wú xìn）[1]，不知其可（bù zhī qí kě）也（yě）。大车无輗（dà chē wú ní），小车无軏（xiǎo chē wú yuè）[2]，其何以（qí hé yǐ）行之哉（xíng zhī zāi）？"

——《论语·为政篇第二》

注释

1. **人而无信：** 人如果不讲信用。"而"，如果的意思。
2. **輗、軏：** 古代的拉车的牛、马被绑在车辕上。车辕的前面有一块横木，人坐在上面驾车。大车上的这块横木叫作鬲（gé），小车上的横木叫作衡。鬲、衡两头都有一个活销，輗就是鬲的活销，軏就是衡的活销。若没有这两个活销，车子根本无法驾驶。

译文

孔子说："作为一个人却不讲信用，真不知道怎么可以立身处世。如同大车子没有安横木两头的活销，小车子没有安横木两头的活销，如何能行驶呢？"

小小故事会

勤学守信的君子司马光

司马光是北宋著名的政治家、史学家、文学家。他从小便刻苦勤奋，经常手不释卷。据说，他为了挤出更多的时间学习，特地找了一节圆柱形的木头当作枕头，取名为“警枕”。每天晚上，他都枕着“警枕”睡觉，夜里翻身，“警枕”就会滚动，这时他就会被惊醒，便立刻起床挑灯夜读。

勤学不辍的司马光，十五岁就满腹文章。他以古代先贤为榜样，努力追求君子之道。据北宋《萍洲可谈》记载，司马光

有一次让仆人出去卖马，特意嘱咐说，这匹马夏天的时候会犯病，如果有了买主，一定要先告诉他这个情况。

司马光靠着勤学苦练的学识与诚实守信的高尚情操，官至宰相，实现了读书人修身、齐家、治国、平天下的理想。

读《论语》学成语

释义

言而有信：做人要讲信用，自己说过的话要算数。

例句

答应了别人的事情就要做到，妈妈希望你能做一个言而有信的人。

小小思想家

有的同学说话很随意，总是轻易做出承诺却不履行，这是不好的行为。诚信是一种美德。一个人如果失去了诚信，便失去了让人信任的基础。因此，我们一定要做一个诚信的人。

9.

“君子”和“小人”的区别

战国后期，秦国越来越强大，各个诸侯国的贵族为了增强国力，对付秦国，纷纷礼贤下士，广招宾客，招揽各种人才。其中最出名的是魏国的信陵君魏无忌、赵国的平原君赵胜、楚国的春申君黄歇、齐国的孟尝君田文，后人称之为“战国四公子”。

孟尝君田文有一个门客，名叫冯谖（xuān），他平时沉默寡言，一点儿也不引人注目。一次，孟尝君想试探他的才能，吩咐他去薛地为自己讨债。临行之前，冯谖问孟尝君说：“小人收完这些债之后，要买些什么东西带给您吗？”

孟尝君回答说：“先生看我缺什么，就去买点什么吧！”

冯谖到达薛地后，把所有的债户召集到一起说：“我家主公说了，不用大家还债了。”说完，他把所有债据都烧掉了。

债户们个个喜出望外，心里非常感激。

冯谖回来后，孟尝君问他：“怎么样，先生收债还顺利吧？”

冯谖回答说：“臣不辱使命，全部收完了。”

孟尝君问：“那您买了什么东西给我？”

冯谖回答说：“出发前，您吩咐我买一件您没有的东西。我思考了很久，珍珠、宝贝、马匹、美女您都有了，所缺的就只一个‘义’字，所以我帮您买了一个‘义’字回来。您不爱惜人民，却用商人的手段，借给他们钱再赚取利息，人民苦不堪言。我就假传了您的命令，烧毁了所有的借据。民众都欢呼万岁，这就是买‘义’。”

孟尝君听了很不高兴，但事已至此，也无可奈何。

后来，孟尝君遭遇重大挫折，被免去相国的职务，赶回了薛地。他抵达薛地之后，发现百姓们都对他感恩戴德。这时，孟尝君才体会到冯谖的良苦用心，惭愧地对冯谖说：“先生给我买的这个‘义’字，今天我才发现啊！”

这就是“焚券市义”的典故。这里所说的“义”，也是孔子一直所倡导的。

孔子经常对弟子们教导：“君子喻于义，小人喻于利”。意思是，君子知晓的是大义，而小人只能看到眼前的蝇头小利。

在孔子的心目中，看重的是一个人的品德，而不是他拥有的财富。

读《论语》学道理

原文

zǐ yuē jūn zǐ yù yú yì xiǎo rén yù
子曰：“君子喻①于义，小人喻
yú lì
于利。”

——《论语·里仁篇第四》

注释

❶ **喻：** 懂得、明白的意思。

译文

孔子说：“君子明白的是道义，小人知道的是利益。”

知识拓展

什么是君子

“君子”一词，最早出现在春秋战国时期。“君”，一般指那些身份尊贵的人，“子”则是古代对品德高尚男子的尊称。“君子”合起来，就是那些品德高尚或者身份尊贵的男子。在孔子之前，君子大多是指那些当官的人，可借指国君。

孔子对君子的阐述在《论语》中多次出现，内容也不尽相同。比如：“君子周而不比，小人比而不周”“君子喻于义，小人喻于利”等。这反映出当时人们对“君子之道”的向往和偏爱。

10.

要有“见义勇为”的勇气

孔子曾和弟子们说过：面临大义的时候，挺身而出是每个人都应做到的事情，如果不去做，就是没有勇气的表现。

孔子还解释说，很多人在做事时往往会犯两种错误，一种是不该作为时“胡乱作为”，另一种是应当作为的时候“不敢作为”，这两种做法都是不对的。

孔子还明确提出了“义”和“勇”的概念。“义”是人们公认的优秀品质。而“勇”则代表着果断、勇敢。身为儒家弟子，既要知道“见义勇为”的大义是什么，还要有“见义勇为”的勇气。

数千年来，儒家弟子秉承着“见义勇为”的观念，留下了很多美谈。

光武帝时，洛阳县令董宣为人正直。有一次，湖阳公主的马夫杀了人，藏在公主府内。董宣知道后，大声说出公主藏匿犯人的过失，并当场将马夫抓住并处刑。公主向光武帝告状，光武帝命令董宣向公主认错，董宣不肯。光武帝很生气，命令士兵强按着他的头让他道歉，但这也没有让他屈服。最后光武帝被感动，不但赦免了董宣，还封赏了他。

董宣既能坚持“大义”，又有果断、果敢的决心，是一位真正的“见义勇为”的君子。

读《论语》学道理

原文

zǐ yuē fēi qí guǐ ér jì zhī chǎn
子曰："非其鬼①而祭②之，谄
yě jiàn yì bù wéi wú yǒng yě
也。见义不为，无勇也。"

——《论语·为政篇第二》

注释

❶ **鬼：**这里指的是死去的祖先。

❷ **祭：**祭的对象是神灵，祀的对象是祖先，人刚死的时候陈设祭品叫作奠。祭祀祖先的目的一般是祈福。

译文

孔子说："去祭祀不应该由自己祭祀的鬼神，这是献媚的表现。眼见正义的事情而不挺身而出，这是没有勇气怯懦的表现。"

小小故事会

子贡赎人

春秋时期，诸侯国之间相互争战，经常将敌国百姓劫走，充作本国奴隶。

当时的鲁国，有这样一条法令：鲁国人如果能够救回沦落到外国为奴隶的本国人，可从国库中领取一笔赎金。

子贡深受孔子熏陶，时刻不忘“仁心”。一次，他在诸侯国游历时，看到一名鲁国奴隶，便把他解救了出来。由于他自己很富裕，就没有去领取赏金。

孔子听说了这件事，将子贡找来，询问他不领赏金的原因。子贡说：“我不缺这点钱，我不领赎金，为国库节约一笔资金难道不好吗？”

孔子回答说：“子贡，你有没有想过，你这样做，将导致一个后果——今后的鲁国人可能就不肯去解救沦落在外的奴隶了。”

子贡有些不解，询问原因。孔子说：“如果你收下赎金，别人不会说你贪财；可如果你不拿这赎金，别人必定大大称赞你的义举。时间一久，人们就会批评那些赎回奴隶后领取赎金的人不够高尚，那些想救奴隶但经济条件不好的人便没有动力去赎回奴隶了。由于你不肯拿回赎金，时间长了，别人就不肯再赎人了。”

子贡听后，大为惭愧。

后来，子路救了一名落水者。那人上岸后给子路一头牛作为报答。孔子看到子路收下了那头牛，高兴地说：“从此鲁国的人都会勇救落水者了！”

在孔子看来，看到正义的事情出面去做，虽然是好的行为，但也要注意方式方法。

读《论语》学成语

释义

见义勇为：遇到合乎正义的事情，勇敢地挺身而出。

例句

周卫同学勇救落水儿童的事迹传出后，大家纷纷表示要学习他这种见义勇为的精神。

小小思想家

见义勇为是勇敢的行为，值得赞赏。但对于小学生来说，更重要的是在平时学会一些自救的办法，避免让自己陷入危险的处境。在遇到危险时，首先要保持清醒的头脑，努力自救，同时请求周围的大人帮忙。

11.

什么事让孔子勃然大怒

在中国古代奴隶社会时期，等级制度森严，在奴隶主阶级内部也是一样。

按照西周的礼仪规定，演奏乐舞的时候，周天子可以用八佾（yì）表演，即八行八列，合计六十四人所组成的乐舞表演队进行演奏和舞蹈；而诸侯国君（比如齐桓公、晋文公等人）则用六佾，即四十八人的队列；卿大夫们用四佾，即合计三十二人的队列；而普通的士则只能用二佾，即只有十六人的队列。

这些规定十分严格，谁若是违反，便是违反了周礼，轻则申斥，严重的时候甚至会丧命。

鲁国有一位卿大夫，名叫季平子。他家世代为卿，到他这代时执掌了国家政权，可以说是权势滔天，连国君都不放在眼里。作为一名卿大夫，他本来只能使用三十二人规模的乐舞队，可是他居然在自家的庭院里，摆出了六十四人阵容的乐舞队奏乐和舞蹈，这是周天子才能使用的礼仪标准。

孔子知道这件事后非常生气。一天，孔子在谈论季平子的时候，愤怒地说："这个家伙竟然敢在自家的庭院里，用天子才能使用的乐舞队奏乐舞蹈，假如这样的事情都能被容忍，那我想不出世上还有什么是不能容忍的！"

读《论语》学道理

原文

kǒng zǐ wèi jì shì bā yì wǔ yú
孔子谓季氏①："八佾②舞于

tíng shì kě rěn yě shú bù kě rěn yě
庭，是可忍也，孰不可忍也？"

——《论语·八佾篇第三》

注释

❶ **季氏：** 这里的"季氏"所指是谁，史书上有争议，一般认为是指鲁国贵族季平子，另外也有季康子、季桓子的说法。

❷ **八佾：** 佾，古代一种舞蹈奏乐，以八个演员为一行，每一行就叫一"佾"。八佾就是八行，合计六十四名演员。按照周礼，这个规模只有周天子才能用，季氏最多只能用"四佾"。

译文

孔子谈到季氏，说："他用（天子才能用的）六十四人的歌舞队在庭院中奏乐舞蹈，假如这样的事情都能被容忍，那还有什么事是不可以被容忍的呢？"

知识拓展

周礼是怎样被破坏的

孔子生活的春秋末期，奴隶制社会正处在土崩瓦解的过程中，各诸侯国违反周礼、犯上作乱的事情屡见不鲜。

最早破坏周礼的诸侯是秦文公。据说秦文公梦到田野里有一条黄色的大蛇从天而降，落在山坡上。大蛇变成了一个小孩，开口对文公说："天帝任命你为白帝，负责主持西方的祭祀活动。"说完就消失了。于是秦文公真的建了一座白帝庙，按时祭祀天帝。

按照礼制，当时有资格主持祭天活动的人，只有周天子。鲁国国君鲁惠公听说秦国不守规矩，也派人去周朝都城洛邑，请求周平王允许自己到国都南郊主持祭祀天神的仪式。周平王当然不允许他这样做。鲁惠公大怒说：“这祭祀的礼仪、乐曲都是我的祖先周公所制定，作为他的子孙，我举办一下仪式又有什么坏处？再说，天子不能禁止秦国的失礼行为，又怎么能禁止我们鲁国祭天？”他坚持在南郊祭祀天神，规模和仪仗也是完全按照周王室的天子规格来进行的。周平王知道后，也不敢把他怎么样。

从此，周王室的权威便日益削弱，诸侯们全都各自为政，互相攻打讨伐，天下战乱频发，进入了诸侯国混战的时期。

读《论语》学短语

释义

是可忍，孰不可忍：假如这样的事情都可以被容忍，那么还有什么是不能容忍的？形容某件事不可容忍到了极点。

例句

他们简直欺人太甚了，是可忍，孰不可忍！

12.

礼的本源在于真心

一天，一位叫作林放的鲁国人前来求见孔子。林放是商朝忠臣比干的后裔，他一生都在研究什么是“礼”。见到孔子后，他询问礼的本质是什么。

孔子认为，首先，礼的规模宁肯节俭也不要奢侈。过于奢侈，就会流于形式，显得华而不实，必然忽视了礼的内涵，丧失本质。但如果礼节太过简单，缺少必须置办的祭品，同样也不好。那么，奢华和节俭如何取舍呢？在孔子看来，宁可简单一些，也不要过于铺张浪费。

古代人非常重视丧事的礼节。孔子认为，举办丧事的时候，最重要的是人内心的情感，而不是外在的形式。一场布置合礼、十分奢侈的丧事，若参与其中的人感情不真挚，还不如情感哀戚、简单操办的丧事。换句话说，一场周全的丧葬之礼，棺椁(guǒ)衣衾(qīn)、陪葬祭品等一应俱全，但若宾客对于去世的死者没有哀戚之情，这是可悲的，更是一种越礼的行为。

孔子的话表明了这样一个观点：礼的本源在于真心，而不在于外在的形式。

读《论语》学道理

原文

lín fàng wèn lǐ zhī běn zǐ yuē dà zāi
林放问礼之本。子曰："大哉
wèn lǐ yǔ qí shē yě nìng jiǎn sāng yǔ qí
问！礼，与其奢也，宁俭；丧，与其
yì yě nìng qī
易[1]也，宁戚[2]。"

——《论语·八佾篇第三》

注释

1. **易：** 此处指礼节周到、奢华不菲的丧礼。
2. **戚：** 内心悲伤的样子。

译文

林放向孔子询问礼仪的根本，孔子回答说："这个问题的意义很重大啊！对于礼仪，与其办得铺张浪费，不如简单朴素；对于丧事的礼仪，与其仪式周到、奢华不菲，倒不如内心悲痛地哀悼死者。"

小小故事会

曹操与周幽王

曹操是东汉末年著名的政治家、军事家、文学家与书法家。他一向提倡节俭，并且身体力行。

据史料记载，曹操平时的饭食很简单，宫室内的器具高雅而不奢华，身边的侍者数量不过十个人，穿的鞋子也一律是单色的，睡觉用的被子连个花纹都没有，使用了很多年也不更换。

曹操不准家人穿着有刺绣的奢侈服饰。有一次，曹操的儿

子曹植之妻崔氏穿着华丽的衣服被曹操看见，他立即下令对崔氏进行惩罚。

据说在上朝的时候，曹操经常放弃仪仗和车马，徒步行走。他还让很多提倡节俭的大臣担任要职，使得当时的社会形成了简朴节约的风气。

曹操对于东汉末年流行的厚葬之风十分不满，他积极倡导“厚养薄葬”。临终前，曹操吩咐家人，自己要穿着旧衣服下葬，还选了一块贫瘠的地方作为自己的墓地，同时要求不用金玉珠宝等贵重物品陪葬，这种做法为后世所赞叹。

而西周的周幽王则是一个反面教材。他的父亲周宣王去世后，周幽王举办了奢华的丧礼。但周幽王生性粗暴残酷、刻薄寡恩。在为父亲守丧期间，每天与手下人打闹嬉笑，喝酒吃肉，看不出一点哀伤的样子。公元前 771 年，犬戎攻入西周都城镐京，杀死周幽王，西周就此灭亡。这样的君主，算得上是昏聩无能的亡国之君。

读《论语》学成语

释义

礼奢宁简：与其礼节过多而奢华，不如简单而节俭。

例句

本次校庆工作，我们要本着礼奢宁简的原则，绝不允许铺张浪费。

13.

不怨天不尤人

鲁哀公十三年，孔子七十岁。这一年，孔子唯一的儿子孔鲤去世了，白发人送黑发人，这让孔子很悲痛。

相传在第二年的春天，鲁哀公前往西方大野泽狩猎，捕获到一只异兽，这只异兽被士兵弄断了腿。叔孙氏认为这是不祥之兆，把它抛弃在城外，派人请见多识广的孔子去观看。

孔子听说这个消息之后，连忙去城外查探。他一看到这个异兽，就泪流满面，哽咽着说："这是一只麒麟啊！麒麟是有仁道的灵兽。它一旦面世，就意味着圣明的人要出现了。麒麟面世，本是大吉之兆，但它却生在了这个乱世中，如今又被人所伤害。圣明的人要离世了！我的命运也快要到尽头了。"

据说孔子的母亲颜征在怀有身孕的时候，曾前往尼丘山祈祷。路上，她遇到了一只麒麟，之后，颜征在就生下了孔子。孔子认为麒麟可能预示了自己的命运，从此不再动笔修书，停止了对《春秋》的修订工作，史称“获麟绝笔”。不久后，孔子去世。

关于麒麟受伤这件事，孔子伤心了很久。他感叹自己的政治理想终生难以实现了。去世前，他对守护在身边的弟子们叹息说：“没有人了解我啊！”

弟子们不解地问：“老师，您为什么说没有人了解您呢？”

孔子叹了口气说：“我不怨天，不尤人，人世间那些学问、为人处世的道理、修身养性的技巧，我掌握了很多，而且我还能领悟一些有关天地的规律。这世上，了解我的只有上天吧！”

虽然孔子哀叹自己的命运，却依然坚持“不怨天，不尤人”，这显示出孔子伟大的人格，值得我们学习。

读《论语》学道理

原文

zǐ yuē mò wǒ zhī yě fú zǐ gòng
子曰："莫我知也夫！"子贡
yuē hé wéi qí mò zhī zǐ yě zǐ yuē
曰："何为其莫知子也？"子曰：
bú yuàn tiān bù yóu rén xià xué ér shàng dá
"不怨天，不尤[1]人，下学而上达。
zhī wǒ zhě qí tiān hū
知我者其天乎！"

——《论语·宪问篇第十四》

注释

1 **尤：** 责怪、怨恨的意思。

译文

孔子叹道："没有人了解我呀！"子贡说："为什么没有人了解您呢？"孔子说："我不怨恨上天，不责怪别人，既学习世间的礼乐、人事，又能领悟一些天地之间的规律。真正了解我的，只是上天吧！"

读《论语》学成语

释义

怨天尤人：遇到挫折或者失败，不从自身找原因，一味抱怨外界环境或其他人。

例句

每次王晓红在考试中遇到挫折，都不从自身找原因，总是怨天尤人，这是不好的行为。

小小思想家

在学习或生活中遇到挫折的时候，有些同学总是不从自身找原因，而是从外界环境找借口给自己辩解；甚至抱怨别人，将错误归结到其他人身上，这样做是不对的。只有总结教训，反思自己，不怨天尤人，才能在逆境中汲取力量，收获成长。

14.

不正当的富贵就像天边的浮云

一次，子夏询问孔子，为何总是对颜回极力夸赞。

孔子感慨地说：“像颜回这样的君子，哪怕境况窘困，吃粗粮，喝清水，睡觉时弯曲胳膊当作枕头，也不辍苦读，一直享受着读书的乐趣。”

弟子们纷纷点头：“知道了，我们都要向颜回学习这种安贫乐道的精神。”

孔子又摇摇头说：“我不是让你们过穷日子，而是要告诉你们，君子爱财，取之有道。那些用不正当手段取得来的富贵，对我来说就像那天边的浮云一样。”

在孔子看来，那些有理想、有志向的君子，不会花太多力气为追求富贵而奔波。在孔子的诸多弟子中，子贡最富有，但孔子最欣赏的却是安贫乐道的颜回。对于品德高尚的君子而言，即便贫穷，也依然可以活得有趣，并乐在其中。

读《论语》学道理

原文

zǐ yuē fàn shū shí yǐn shuǐ qū gōng
子曰："饭疏食①饮水②，曲肱③

ér zhěn zhī lè yì zài qí zhōng yǐ bú yì ér
而枕④之，乐亦在其中矣。不义而

fù qiě guì yú wǒ rú fú yún
富且贵，于我如浮云。"

——《论语·述而篇第七》

注释

1 **疏食：**粗粮、糙米饭。

2 **水：**古代常以温度将水划分为“汤”和“水”。汤，指热水。水，指冷水。

3 **肱：**胳膊，胳膊由肘到肩的部分。

4 **枕：**这里用作动词，指枕着。

译文

孔子说：“吃粗粮，喝清水，弯曲胳膊当作枕头，乐趣就在这个过程中。用不正当的手段得来的富贵，对我来说就像那天边的浮云一样。”

知识拓展

春秋战国时代的财政与国库

春秋战国时期，周王把诸侯们分封到各地，诸侯国的国君再分封自己的臣子，这叫作分封制。后来统一中国的秦国，在统一之前也是诸侯国。在这种前提下，诸侯国国君没办法掌握全国财政的控制与使用权。

以秦国为例，统治阶级由很多家族组成，遇到战争或天灾的时候，秦国国君就会发出号召，各大家族纷纷出钱出人出力。君王的财政来源是国人（君王直属封地的百姓）、商人、平民（大家族之外的百姓，数量很少）的税收。

国家财政，主要分为两种情况，一种是名门望族的钱或者国君的私房钱，由私下委任的人才管理，比如孔子曾担任过为季氏管账的委吏；另一种则是国库的钱，由专门的政府官吏负责管理。

读《论语》学成语

释义

乐在其中：意思是非常喜欢做某件事，能在其中获得乐趣。

例句

今天在游泳馆，我一口气游了好几个来回，虽然疲惫不堪，但是我乐在其中。

15.

君子要有宽广的胸怀

周武王姬发去世后，姬诵继位，也就是后来的周成王。考虑到成王年龄还小，暂时不能亲自处理政事，周武王去世前任命自己的弟弟周公旦辅佐成王，帮忙处理朝政事务。

这让周武王的另外两个弟弟管叔和蔡叔十分嫉妒。这两个人一直想夺取成王的王位，但是又畏惧周公的影响力。他们知道，要想夺取王位，必须先除去周公。

于是，他们到处散布流言陷害周公，说周公要谋害成王，想取而代之。年幼的成王听信了这些流言，对周公起了疑心。

周公知道后，马上辞离京城镐京，前往洛阳隐居。传说，他刚到洛阳的时候，天上突然出现巨大的闪电，伴随着震耳的雷声，同时狂风怒号，地里的禾苗全被吹倒，连大树都被连根拔起，这个现象让人们恐惧不已。

周成王看到天象异常，回想了周公平时的行为，觉得自己冤枉了周公。于是，周成王又亲自请回了他。周公回朝的那天，天上下起了小雨，又吹起和风，倒在地上的禾苗又被风重新吹起，人们奔走相告，喜不自禁。

管叔、蔡叔见诡计失败，就与纣王的儿子武庚勾结起来发动叛乱，周公率兵轻松地击败了他们。

周公尽心辅佐成王，后来又将政权归还给成王，回封地养老。后世将这种虚怀若谷、胸怀大义的品质称为“周公之德”。

周公是真正的君子。关于“君子”与“小人”。孔子和弟子们曾经有过讨论。

孔子说：“君子和小人的区别在于是否能够容忍别人。君子的心地非常宽阔，能够包容他人；小人的心地非常狭隘，总是斤斤计较。”

真正的君子有着豁达的心胸，他们“先天下之忧而忧，后天下之乐而乐”，并不拘泥于某件事物，不以物喜，不以己悲。不管在什么情况下，都以无愧于心为追求目标。但小人做事的出发点往往都是出自个人私利，经常患得患失，每天都有这样那样的烦恼。这便是“君子坦荡荡，小人长戚戚”。

读《论语》学道理

原文

zǐ yuē jūn zǐ tǎn dàng dàng xiǎo rén
子曰："君子坦荡荡①，小人
cháng qī qī
长戚戚②。"

——《论语 · 述而篇第七》

注释

1 **荡：** 坦荡，形容率真无杂念，心胸开阔的样子。

2 **戚：** 心烦、忧愁，患得患失的样子。

译文

孔子说："君子的心地开阔宽广，能够包容他人；小人的心地局促狭隘，总是斤斤计较。"

小小故事会

意图谋害孔子的人

孔子有个弟子叫司马牛，他的哥哥桓魋（tuí）是宋国的司马。桓魋的家族桓氏在宋景公当政时期属于名门望族，桓魋本人也很受宋景公宠爱。

但是，桓魋的人品低劣，贪婪敛财。公元前 481 年，桓魋逼迫兄弟司马牛交出封邑，将其赶出宋国，司马牛被迫在齐国流亡。

此时，孔子正好在宋国游历。孔子与宋国国君宋景公本是一位祖先，孔子的先祖曾在宋国担任过高官。宋景公也知道孔子是天下闻名的圣人，门下有很多文武兼备的弟子，就想把他留在宋国，便准备亲自出城迎接孔子。

桓魋听说这事后，担心自己的地位受到威胁，于是在宋景公面前说了很多孔子的坏话。后来，桓魋甚至不经过宋景公同意，就对孔子的行程进行阻挠。

一天，孔子在一棵大树下为弟子们讲学。桓魋突然带了一队人马前来，他们将大树砍倒，想让大树砸死孔子。弟子们纷纷请孔子离去。孔子说：“我的事业是人间大道，上天会保佑我，桓魋能把我怎么样呢？”

后来，孔子并没有留在宋国，而桓魋最终因谋反逃亡到了齐国，下场十分悲惨。

小小思想家

只要仔细观察一下就会发现，我们身边最受欢迎的，往往是那些心胸宽广、乐于助人的同学，那些斤斤计较的同学则很难受人欢迎。你是一个心胸宽广的人吗？如果不是，要怎么改变自己呢？

16.

要珍惜父母赐予的身体

曾子晚年有病，卧床不起。他知道自己已经病入膏肓（gāo huāng），时日无多了。他把自己的弟子召到床前，对他们说："你们掀开被子仔细看看我的脚，再看看我的手！"

弟子们不明白他的意思。

曾子接着说："我的一生，就像《诗经》上说：'战战兢兢，如临深渊，如履薄冰'，小心谨慎，把自己的身体保护得很好。我们的身体是父母赐予的，不能受到丝毫损伤。你们的人生之路还很长，但老师我现在可以确定，我的身体终于可以免受祸害刑戮了！弟子们！你们也要小心谨慎，保护自己的身体啊！"

在这里，曾子借用《诗经》里的话告诫弟子们，要遵纪守法。曾子一生谨慎小心，避免因犯罪受刑而损伤身体，他认为那样是对父母不孝的表现。

孔子也曾经语重心长地对曾子说过："身体发肤，受之父母，不敢毁伤，孝之始也。"意思是说，一个孝顺的人，应该极度珍惜父母所赐予的身体，不能有任何损伤，即便是头发和皮肤也不能掉以轻心，这是孝道最基本的要求。

读《论语》学道理

原文

zēng zǐ yǒu jí zhào mén dì zǐ yuē qǐ
曾子有疾，召门弟子曰：“启①

yú zú qǐ yú shǒu shī yún zhàn zhàn
予足！启予手！《诗》云②：‘战战

jīng jīng rú lín shēn yuān rú lǚ bó bīng ér
兢兢，如临深渊，如履③薄冰。’而

jīn ér hòu wú zhī miǎn fú xiǎo zǐ
今而后，吾知免夫！小子！”

——《论语 · 泰伯篇第八》

注释

① **启：** 看的意思。

② **《诗》云：** 意思是说后边三个词语“战战兢兢，如临深渊，如履薄冰”出自《诗经 · 小雅 · 小旻篇》。

③ **履：** 步行、行走的意思。

译文

曾子得了重病，召集门下的弟子到自己身边，对他们说：“看看我的脚！看看我的手！《诗经》上说：‘小心谨慎！如同站在深渊边缘一般，好像行走在薄薄冰层上面。’从今以后，我才确定自己可以免于祸害刑戮了！弟子们！”

知识拓展

“宗圣”曾子

曾子也就是曾参，他被后世尊为“宗圣”，是配享孔庙的四位弟子之一，地位仅次于颜回。他是孔子学说的主要继承人和传播者，对儒学的发展起到了重要的作用。

曾子本人性情稳重，为人谦虚谨慎，推崇“以孝为本”的观念，以孝顺闻名于世。

曾子五十岁的时候，齐国要立他为相，楚国要迎他为令尹，晋国要迎他为上卿，曾子却因为要在家孝敬父母，都推辞不去。

曾子编著了包括《大学》《孝经》《曾子十篇》等多部儒家经典著作。其中，《大学》开宗明义提出了“三纲八目”，三纲指的是明德、亲民、止于至善，八目指的是格物、致知、正心、诚意、修身、齐家、治国、平天下，对后世的读书人有重大的影响。

曾子教子有方，他的次子曾申，也是著名的学者和思想家。曾申跟随子夏学习《毛诗》，跟随左丘明学习《左传》。战国时期的著名军事家吴起曾经在曾申门下学习儒术。

17.

己所不欲，勿施于人

东晋时期的名臣庾亮，外表俊朗，善于辩论，为人严肃守礼，是当时的名士。

庾亮有一匹的卢马。的卢是一种烈性骏马，虽然跑得很快，但古人却认为，的卢是一种“凶马”，会给主人带来灾难。有人劝庾亮卖掉这匹马，把厄运送走。庾亮说：“如果卖掉它，那就又为买主带来了厄运，怎能因为对自己不利就把灾祸转嫁给别人呢？”

庾亮是一位有仁德的君子。他推己及人、将心比心的人生观，值得每一个人学习。

关于“己所不欲，勿施于人”，孔子曾和学生们讨论过。孔子认为，在生活中想要做到“仁德”，一是要端正自己的态度。出门办事的时候，要仔细考量。二是要换位思考、宽以待人。

读《论语》学道理

原文

zhòng gōng wèn rén zǐ yuē chū mén rú jiàn dà bīn shǐ mín rú chéng dà jì jǐ suǒ bú yù wù shī yú rén zài bāng wú yuàn zài jiā wú yuàn

仲弓问仁。子曰：“出门如见大宾①，使民如承大祭②。己所不欲，勿施于人。在邦③无怨，在家无怨。”

zhòng gōng yuē yōng suī bù mǐn qǐng shì sī yǔ yǐ

仲弓曰：“雍④虽不敏，请事斯语矣。”

——《论语·颜渊篇第十二》

注释

1. **大宾：**贵宾的意思。
2. **大祭：**国家的大型祭祀。
3. **邦：**诸侯国。
4. **雍：**冉雍，字仲弓。这里他自称自己的名。

译文

仲弓问什么是仁德。孔子说：“出门办事就好像去接待贵宾，役使百姓就如同去承办大型祭祀庆典。自己不喜欢的事物，不要强加给别人。在诸侯国的朝堂上做官不心生怨恨，在卿大夫的封地里做官也不心生怨恨。”

仲弓说：“我虽然迟钝，也要照您的话去做。”

知识拓展

《论语》中的邦、国、家

《论语》中，我们经常可以看到“邦”字。在孔子生活的春秋时代，“邦”通常指诸侯国。《周礼注》中记载说：大的诸侯国称为“邦”，小的诸侯国称为“国”。“邦”和“国”一起构成“邦国制”，是孔子生活的春秋时期主要的国家体制架构。

周朝的开国君主周武王率领联军讨伐纣王成功以后，为了酬谢功臣，把整个天下按照大小等级分给诸侯。诸侯按照公、侯、伯、子、男五个等级各自领取大小不一的国土，共同向周天子效忠，这就是邦国制。邦国制发展到最后，诸侯国实力越来越大，甚至超过了周天子的实力，这种体制就慢慢瓦解了。

“邦”的范围内还分有规模更小的“家”。“家”指的是诸侯国士大夫的封地。上文中孔子说的“在邦”“在家”的意思就是在诸侯国内、在士大夫领地内。

读《论语》学成语

释义

己所不欲，勿施于人：自己不喜欢的事情，不要强加给别人。

例句

我们自己不喜欢做的事情就不要勉强别人做，这叫“己所不欲，勿施于人”。

小小思想家

“己所不欲，勿施于人”，是一种典型的换位思考的方式。如果我们在和人相处时，经常用这种方式，能够将心比心，自己不情愿的、不理解的事情，不让别人去做；自己不愿意别人怎样对你，就不要那样对待别人。如果每个人都能这样做，生活就会更和谐。

18.

品德比金钱更值得追求

冉雍前来询问孔子:“颜回和子贡，谁更优秀一些? ”

孔子不假思索地回答说:“颜回的品德更高尚，而子贡的经营能力更强。”

然后，孔子从品德与金钱的角度，对他们二人进行了一番评论。

孔子认为，颜回这个人，学问和道德接近于完美，已经高得不能再高了，可是他却经常穷得揭不开锅。而子贡这个人，很擅长经商。他家庭富裕，在经济方面给孔子提供了很多帮助。孔子对子贡的商业眼光和经商能力进行了表扬。但同时，孔子认为子贡没有完全遵守君子的本分，没有走读书修身的道路，虽然身家不菲，但学业不如颜回，这也是令人遗憾的事情。

孔子感叹：君子清贫，商人富裕。他认为，颜回把心思用在道德修养和提高学识上面，而子贡却把心思过多用在做生意上。一个人不管贫富如何，都要在道德上积极提高自己。

但是，孔子也没有对子贡进行批评。实际上，孔子认为，让人生活富裕很重要。冉有在卫国曾经问孔子：“这里人口这么多，还要再做什么呢？”孔子说：“使他们富起来，再对他们进行教化。”

读《论语》学道理

原文

zǐ yuē huí yě qí shù hū lǚ kōng
子曰：“回也其庶①乎，屡空②。

cì bú shòu mìng ér huò zhí yān yì zé
赐③不受命，而货殖④焉，亿⑤则

lǚ zhòng
屡中。”

——《论语·先进篇第十一》

注释

1 **庶：** 多用在称赞的场合，差不多、接近、相近的意思。在这里是指颜回的学问已接近道的真谛了。

2 **空：** 空匮。“贫”和“穷”两字在古代有些区别，缺少财物叫贫；生活无着落、前途没有出路叫穷。“空”兼有贫和穷的意思，可以理解为“穷得没有办法”。

3 **赐：** 端木赐，字子贡。

4 **货殖：** 做生意，做买卖。

5 **亿：** 同“臆”，猜测、估计。

译文

孔子说：“颜回的道德修养、学问知识已经差不多到顶点了吧，可是他还是经常穷得没办法。端木赐不安天命，跑去做生意，猜测市场行情，能多次准确地预测出来。”

知识拓展

子贡的语言艺术

子贡除了有卓越的经商才能外，还拥有令人赞叹的语言表达能力。

当年，强邻齐国出兵进攻鲁国，孔子派子贡出使齐国。子贡先说服齐国权臣田常放弃伐鲁，把矛头对准吴国。后来他又到吴国，说服吴国援助鲁国讨伐齐国。吴王担心伐齐的时候越国在背后偷袭自己，子贡于是又出使越国，说服越国军队跟随吴国伐齐。

之后，子贡又前往晋国，提醒他们注意防备吴国。因为吴国一旦战胜齐国，必然会攻打晋国。

后来，一切都如子贡所料，吴国伐齐大获全胜，得到消息的晋国又迅速出兵，击败了吴军。越王则趁着吴军吃了败仗时，一鼓作气灭掉吴国，北上争霸。

子贡通过过人的谋略和三寸不烂之舌，不仅使鲁国免受攻打，还直接改变了当时的政治格局。

小小思想家

金钱与道德哪个更重要？孔子给出了答案。我们从小就要树立起正确的金钱观、价值观。追求富裕的生活条件，通过勤劳致富，是人之常情，但财富应该用诚信、勤劳的方式取得，追求财富的同时，更不能忘记对道德的追求。

19.

不必通过委屈自己来讨好别人

一天，子夏向孔子请教如何面对仇恨。他说：“如果别人伤害了我，我想用恩德来感化他，这样是不是就能显示出我的高尚？”孔子不同意，说：“以直报怨，以德报德。”

孔子不同意“以德报怨”的做法，他认为应该“以直报怨”。就是按照公平公正、正直的原则来应对仇恨和不公。面对仇恨，一方面不要被它所蒙蔽，避免因为旧仇旧怨便改变了自己公平正直的原则；另一方面，也不要被道德观念所绑架，不要为了博取虚名而去“以德报怨”。

中国的传统文化中，一直提倡对别人的恩情要“以德报德”：滴水之恩，当涌泉相报。但是如何对待仇恨，却一直有争议。有些人主张“以德报怨”，用忘却仇恨、帮助别人的方式来对待仇人，以此彰显自己的高尚品德。而孔子对此并不赞成。

孔子的“以直报怨，以德报德”，指的是当别人对我们有恩的时候，我们要以恩报答；当别人对我们有仇怨的时候，不能一味地示好，要坚持公平正直的原则，没有必要因顾忌高尚的道德标准而委屈自己，讨好别人。

读《论语》学道理

原文

或[①]曰：“以德报怨，何如？”

子曰：“何以报德？以直报怨，以德报德。”

（注音：huò yuē yǐ dé bào yuàn hé rú / zǐ yuē hé yǐ bào dé yǐ zhí bào yuàn yǐ dé bào dé）

——《论语·宪问篇第十四》

注释

① **或：** 有人。

译文

有人问孔子说：“用恩德来回报他人的仇恨，您认为怎么样？”孔子说：“那你用什么来酬答别人的恩德呢？用公平正直来回报别人的仇恨，用恩德来回报别人的恩德。”

小小故事会

孔子不杀公伯寮

孔子处理公伯寮（liáo）的做法，体现了他讲求原则的特点。

孔子曾经担任鲁国大司寇，对政事进行了一系列改革，触动了一些贵族的利益。当时，鲁国大权掌握在贵族“三桓”家族的手中。为了改变这一局面，孔子提出了“堕三都”的办法，计划把三桓领地都城的城墙拆掉，去掉他们对抗国君的屏障。

三桓家族发现了孔子的意图，开始疏远甚至诋毁孔子。孔子的弟子公伯寮贪图富贵，他看到权势很大的三桓都对孔子有意见，也开始落井下石。他到季孙氏面前，公然说子路的坏话。很快，子路丢掉了官职。孔子也被迫停止改革，最终无奈地辞去了大司寇的职务，开始周游列国。

公伯寮诽谤子路的事情传开后，鲁国大夫子服景伯为孔子打抱不平，想帮孔子除掉这个人。他说：“季孙氏虽然被公伯寮所迷惑，但凭我的力量，把公伯寮杀掉，陈尸街头示众，还是做得到的。”孔子却不同意这样做。孔子认为，他在鲁国推行的是治国平天下的大道，成功与否，只有上天才能决定；公伯寮这个人起不了什么决定性作用，且罪不至死。

孔子坚信道义的力量，反对过激的暴力行为。他虽然不同意除掉公伯寮，但对他也并不是一味宽容。孔子“以直报怨”，将其清除出自己门下。

读《论语》学成语

释义

以德报怨：忽略别人的仇怨，不记仇，反而去帮助仇人。

例句

王晓彤以前欺负过李千羽，但最近王晓彤生病了，李千羽放学后去帮她补课，这种“以德报怨”的做法值得我们学习。

小小思想家

我们要有感恩之心。当别人帮助我们的时候，我们要牢记这份情谊，并要找机会回报。但是当别人对我们有所冒犯时，要怎么做呢？我们可以宽容，但总是妥协退让也是不对的。我们要学习孔子的态度，试着用一种正直的方式来应对。

20.

君子面临困境也会安贫乐道

公元前 489 年，孔子和他的学生被人围困在陈国、蔡国接壤的地方，绝粮七天，许多学生饿得都爬不起来。

当时跟随孔子的学生有子路、子贡、颜回等人。被围困的那几天，孔子看出学生们心中惶恐，便叫子路过来，对他说：“如今我们被困在这里，难道我的主张是错误的吗？为什么会沦落到被别人围攻的地步？”

子路无可奈何地说：“也许是大家认为我们仁德不够，所以不肯信服我们；又或许是大家认为我们智谋不足，所以不放我们离开。”

孔子摇摇头说：“是这样的吗，子路？假如有仁德就能使别人信服，那么大贤伯夷、叔齐怎会落到饿死在首阳山的下场呢？假如有智谋就可以通行无阻，那为何殷商时期足智多谋的王子比干会落到被纣王剖心的结局呢？”

子路无奈又生气，忍不住问：“难道作为真正的君子，也有穷困得毫无办法的时候吗？”

面对弹尽粮绝的局面，弟子们有些情绪波动是可以理解的——他们时刻坚守孔子的训诫，一心修养德行和操守，却陷入异常窘困的境地，连饭都吃不上了。反观那些围困孔子的人们，作恶多端却过着优裕的生活，所以难免有人会动摇自己所坚守的信念。

孔子耐心地开导了弟子们。君子肯定也会面临困窘，但是如果具有良好的个人修养，君子会安贫乐道。而小人们没有个人信仰，唯一的追求是名利。当他们陷入窘境的时候，就没有了底线，容易胡作非为。

读《论语》学道理

原文

zài chén jué liáng cóng zhě bìng mò néng xīng
在陈绝粮，从者病，莫能兴[①]。

zǐ lù yùn jiàn yuē jūn zǐ yì yǒu qióng hū
子路愠见曰："君子亦有穷乎？"

zǐ yuē jūn zǐ gù qióng xiǎo rén qióng sī làn yǐ
子曰："君子固穷，小人穷，斯滥矣。"

——《论语·卫灵公篇第十五》

注释

①**兴：**起来。

译文

孔子在陈国断了粮食补给，跟随他的人都饿病了，爬不起来。子路见到孔子，愤愤不平地说："君子也有穷困潦倒的时候吗？"孔子说："君子能安守穷困，小人穷困时，便会胡作非为。"

知识拓展

围困孔子于陈蔡之间的人

对于孔子来说，断粮七天的"陈蔡之厄"是他人生中最危急的时刻。那么，是哪些人将他围困的呢？根据司马迁《史记·孔子世家》的记载，围困孔子的应该是陈、蔡两国的官员。孔子周游列国期间，在蔡国居住的第三年，吴国向蔡国的邻国陈国发动进攻。楚昭王派军队援救盟国陈国，在城父这个地方驻扎下来。楚昭王非常欣赏孔子，听说孔子居住在陈国、蔡国之间的地方，便派人邀请孔子前往楚国。孔子欣然接受。

陈国和蔡国的大夫听说后，一起商量说："孔子是位大贤人，他平时提出的问题，都切中了诸侯国的命脉。如今他滞留在陈国、蔡国之间这么长时间，我们这些人的所作所为他都看在眼里，记在心里，对我们十分厌恶。楚国是一个大国，如今派人前来邀请孔子，倘若孔子被楚国重用，那我们就危在旦夕了。"于是，他们调动自己的家丁和奴仆将孔子围困在野外。

不过，也有学者认为，孔子由陈蔡之间的地区到楚国去，中间会路过吴楚交战的战区。围困孔子的，也可能是交战的吴、楚、陈三国的乱兵。

读《论语》学短语

释义

君子固穷：君子即便身处窘困的境地，也能固守内心的操守。

例句

虽然生活不富裕，但下乡支教的于老师一直坚守"君子固穷"的信仰，按部就班地教学、生活。

21.

学会忍耐，才能成功

孔子十七岁时，母亲去世了。那年，掌权的贵族季孙氏在府上举办贵族宴会，孔子穿着丧服前去赴宴，结果被家臣阳货挡在门外。

孔子没有发怒，忍了下来。

二十岁那年，孔子在季孙氏手下担任管理仓库的委吏和管理畜牧的乘田。虽然官职不大，但孔子兢兢业业地工作，很快就获得了好评。

三十岁时，孔子博学多才的名声已经传开，齐景公也来向孔子问为政之道，让他当自己的政治顾问。随后，孔子开始了从政生涯。

孔子曾告诫弟子们说：“小不忍，则乱大谋。”这里的“小不忍”，指的不仅是要学会忍耐，还要摆脱小恩小惠的束缚，忍住贪财、占小便宜的念头等。

要做到更大的“忍”，不仅需要勇气，更要有智慧。

春秋时期，郑国国君武公的妻子武姜，生了寤（wù）生和共叔段两个儿子。寤生后来继位为郑国国君，就是历史上的郑庄公。母亲武姜偏爱小儿子，她看上了制邑（yì）这个地方，请求将这里封给共叔段，郑庄公没有同意。武姜又请求把京邑封给共叔段，庄公同意了。

大臣祭仲劝郑庄公说：“武姜如此贪心，以后一定会变本加厉。您要早早做好打算。”郑庄公说：“人如果做多了坏事，必然会走上失败的道路。咱们走着瞧吧！”

果然，共叔段开始命令自己治下的地区，只服从自己的命令，又扩充领地，几乎占据了郑国一半的领土。郑庄公对此都没有理会。公元前 722 年，共叔段终于发动叛变，武姜在都城内部作为内应。但郑庄公早有准备，一举粉碎了他们的叛乱。

面对挑衅，郑庄公选择了退让与忍耐，诱使共叔段自己暴露出野心，最后一劳永逸地解决了这个麻烦。

“小不忍，则乱大谋”，已成为很多人的座右铭，这句话包含着大智慧，想成为有追求、有志向、有理想的人，不应斤斤计较个人得失，而应该以开阔的胸襟，远大的抱负，去追求人生更高的境界，成就一番事业。

读《论语》学道理

原文

zǐ yuē　qiǎo yán luàn dé　xiǎo bù rěn
子 曰：“巧 言 乱 德。小 不 忍，
zé luàn dà móu
则 乱 大 谋。”

——《论语·卫灵公篇第十五》

译文

孔子说：“花言巧语败坏德行。在小事情上不忍耐，就会坏了大事。”

小小故事会

管仲不死

春秋时期，管仲与好友鲍叔牙分别辅佐齐国的公子纠与公子小白，商议不管将来哪一位公子继位，二人都要推荐对方。

齐襄公昏庸无道，两位公子双双逃出齐国。不久，齐国内乱，齐襄公被杀。公子小白与公子纠争相赶回齐国继位。

公子纠在母亲的娘家鲁国的支持下，率军截杀小白。管仲亲自上阵，差点一箭射死公子小白。小白在鲍叔牙的协助下，用计装死，迅速赶回齐国，即位为君。

小白继位后，率军击败了拥护公子纠的鲁军，并派出使者要求鲁国杀掉公子纠，将管仲和召忽送回齐国治罪。鲁国被迫杀了公子纠，召忽大哭说："作为臣子要尽忠而死，这是做人的本分！我要跟随公子纠一同去死，不受这刑具加身之辱！"于是自杀殉节。管仲却说："自古以来，既有为君主尽忠效死的死臣，也有为匡助社稷而忍辱负重活着的生臣。我今天暂时不死，回到齐国为公子纠述说冤情。"于是走进囚车，以囚犯的身份回国。

对此，子路问孔子说："齐桓公杀了公子纠，召忽自杀殉节，但管仲却没有自杀。管仲不算个有仁德的人吧？"

孔子却说："管仲当时没死，还当上了齐国国相。后来，齐桓公多次召集各诸侯国的盟会，消除了战祸，这都是管仲的力量啊。没有管仲，中原的文化传承危在旦夕。以此看来，管仲是个有仁德的人。"

孔子认为，管仲忍辱负重，最终成就了一番大事业，是值得认可的。

读《论语》学短语

释义

小不忍，则乱大谋：在小事上不忍耐，或者贪图小便宜，就会坏了大事。

例句

运动会上，面对三班的挑衅，班长说："小不忍，则乱大谋。我们专心比赛，不要做意气之争。"

22.

有错不改才是真的错

一天，有人来向子夏请教。这人不好意思地说：“先生，最近我犯了一个错误。虽然不是有意犯错，而且我也知道自己做错了，但就是没有勇气去承认。我想，这件事能不能就这样算了，也不去道歉了。我自己悄悄改正错误，确保以后不再犯就是了。”

子夏看了看他，说：“人犯了错误并不可怕。人生在世，谁没有犯这样或那样的过失呢？即使是我的老师孔圣人，也有犯错的时候，更何况我们这些普通人呢！眼下的问题是如何面对所犯的错误。犯了错，及时承认，迅速改正，这才是正确的态度。只有那些没有勇气又自私自利的小人，面对自己的过失，才会花言巧语、想方设法地掩饰，不肯认错、改正。”

这人听了子夏的话，深有感触，当众承认了自己的错误，并决心认真反省、改正错误。

孔子曾经说过：“过而不改，是谓过矣”。意思是说，有了过错并不可怕，可怕的是一错到底，死不悔改。有错就改，才是对待错误最正确的态度。

读《论语》学道理

原文

子（zǐ）曰（yuē）：“过（guò）①而（ér）不（bù）改（gǎi），是（shì）谓（wèi）过（guò）②矣（yǐ）。”

——《论语·卫灵公篇第十五》

注释

① **过：** 这里做动词用，指的是犯错、有过错的意思。

② **过：** 这里做名词用，指的是过错。

译文

孔子说：“有了过错，却不改正，这就真的是过错了。”

小小故事会

庄辛说楚襄王

战国时期，楚国本来国力雄厚，兵多粮足，但到楚襄王时，却一天比一天衰弱。楚襄王贪图享乐，宠信身边的小人。有一位叫庄辛的大臣，十分贤良，不断地劝楚襄王改过，但楚襄王就是不听。

有一次，庄辛前来觐见，对楚襄王直言：“大王，您现在宠信小人，过着醉生梦死的生活，国家大事您也不管。长此以往，就连我们的国都郢，恐怕都要被别的国家占领了。”

楚襄王听了大怒："你是老糊涂了，还是期望楚国灭国？"随后把他流放，赶到了赵国。

庄辛流亡赵国之后，仅仅过了五个月，秦国就大举进攻楚国，攻陷了楚国的都城郢，楚襄王仓皇出逃到城阳。这时候，他想起了庄辛，非常后悔。楚襄王派人将庄辛从赵国接了回来，向其承认错误，并虚心向庄辛请教治国之道。庄辛指出了楚襄王的错误，陈述了补救的对策。楚襄王十分感动，封庄辛为阳陵君。庄辛励精图治，不久就帮助楚襄王重新集结了十万大军，与秦国作战，收复了淮北的土地。

这个故事记载在《战国策》中，它告诉我们，有了错误不可怕，怕的是不知错、不认错、不改错。

小小思想家

人人都会犯错误。犯了错误不可怕，可怕的是犯错后不认错，不改正，那就是真正的过失了。所以，当我们犯了错误后，最重要的是认真地反省自己，确保不再犯同样的错误。

23.

要多向好的人学习，多做好事

曾子是一位坚持自己志向的君子。

据说，曾子曾经穿着破旧的衣服在地里耕种，过着贫穷的生活。他整一整帽子，帽带就会断开；整一整衣服，胳膊就会露出来。

鲁国的国君听说了，想赐予曾子一块封地，让他用封地的收入奉养自己，曾子却说什么也不接受。

鲁国的使者对曾子说："先生，这又不是您索取的，是国君给您的，为什么不接受呢？"

曾子说："送人礼物的人往往会骄横地对待接受礼物的人，接受礼物的人也会害怕得罪送礼的人。我不想害怕国君，也不想让国君对我骄横。"

孔子听说后，教育自己的弟子说："见善如不及，见不善如探汤。"

孔子认为，遇见善良美好的事情，要像担心赶不上它一样，穷追不舍；遇见不好的事情，要去避开，就好像手碰到了沸水一样，必须迅速收回。

读《论语》学道理

原文

kǒng zǐ yuē jiàn shàn rú bù jí jiàn bú
孔子曰："见善如不及，见不
shàn rú tàn tāng wú jiàn qí rén yǐ wú wén qí
善如探汤①。吾见其人矣，吾闻其
yǔ yǐ yǐn jū yǐ qiú qí zhì xíng yì yǐ dá qí
语矣。隐居以求其志，行义以达其
dào wú wén qí yǔ yǐ wèi jiàn qí rén yě
道。吾闻其语矣，未见其人也。"

——《论语 · 季氏篇第十六》

注释

① **汤：**指煮沸的开水。古书中说的"水"指的是凉水。

译文

孔子说："见到良好的行为，就如同怕赶不上似的努力去追求；看见不好的行为，就像把手伸进了沸水中那样要赶快避开。我看到过这样的人，也听到过这样的话。隐居起来以保全自己的志向，按照义的原则行事，从而贯彻自己的主张。我虽然听到过这样的话语，却没见过这样的人。"

知识拓展

孔子的作品以及“述而不作”

周游列国十四年后，孔子返回鲁国，致力于古籍的整理工作。

孔子晚年时，一边教书育人，一边修订了《诗》《书》《礼》《乐》《周易》《春秋》等著作，后人将其合称为“六经”。

在《论语·述而篇》里，孔子提出了整理古代著作时“述而不作”的观念。所谓“述而不作”，就是针对古人传下来的经典著作，不做随意地曲解和改变。

孔子对这些古代的经典作品“述而不作”，是非常严谨的态度。但在实际学习中，若总是因循守旧，就不会有创新和发展。所以，孔子并非一味守旧，也是十分推崇创新的。

孔子在《论语·为政篇》中，明确提出“不违如愚”的说法。孔子主张弟子不要对自己的说法照单全收，鼓励弟子在学习的过程中独立思考，有自己的想法与感受。

汉代以后，“述而不作”思想的支持者在儒家学派中渐渐壮大，形成了古文经学派。这一学派过于推崇“述而不作”的学习方式，对古代学子们的思想造成了一定程度的局限，甚至在某些方面阻碍了文化的发展。

24.

不做巧言令色的人

关于“巧言令色”，孔子和弟子们进行过讨论，他说：“巧言令色，鲜矣仁！”意思是说，如果有人平时花言巧语，只会说漂亮的话，总是一副讨好的表情，那这种人不可能是善良之人，不可能有一颗“仁”心。

孔子厌恶巧言令色的作风。他一直倡导“仁”，指的是“宽以待人”。孔子的这些主张，成为中国人的道德准则，也是中华传统思想中的重要理念。

唐朝时，宰相李林甫便是典型的“巧言令色”的小人。

唐玄宗时期，李林甫是在位时间最长的宰相，但这位朝廷重臣，在执政后期却大权独握，排斥贤良的大臣。

李林甫为人阴险狡诈。他为了巩固自己的地位，暗地里陷害了不少大臣。但是，他与人交往时，却口蜜腹剑，总是一副和蔼可亲的样子，尽说些花言巧语。

有一次，李林甫故意向同僚李适之透露消息，说“华山有大量黄金”，还提醒他说，皇帝不知道此事。

李适之听闻此消息很高兴，便上书皇帝，建议开采金矿。皇帝听后，找来李林甫商量。李林甫却说：“华山是帝王‘风水’聚集之处，怎么可以随便开采呢？劝您开采那人，绝对不怀好意。”皇帝听后，信以为真，开始疏远李适之。

李林甫疯狂地排除异己，加上唐玄宗在执政后期逐渐不理朝政，宠信奸臣李林甫、杨国忠等，致使整个国家动荡不安，安禄山的势力日渐强大，为唐朝由盛转衰埋下了祸根。

读《论语》学道理

原文

zǐ yuē qiǎo yán lìng sè xiān yǐ rén

子曰："巧言令色①，鲜矣仁！"

——《论语·学而篇第一》

注释

① **巧言令色：**巧言，花言巧语。令色，讨好的表情。

译文

孔子说："用花言巧语来欺骗别人，用伪善的面貌来蒙蔽别人的人，身上的'仁德'必定很少！"

知识拓展

孔子与晏子

孔子说："巧言令色，鲜矣仁！"到底是在批评谁呢？有人认为，孔子的批评对象有可能是晏子。

在史书里，晏子以聪颖机智、能言善辩而著称。他身材矮小，出使楚国时，楚王故意问："你们齐国无人可派了吗？"晏子正色回答说："我们齐国出使道德高尚的国家，就派上等的人去；出使不成器的国家，就派下等的人去。我这种愚蠢、无能的人，就只能出使你们楚国了。"晏子的回答让楚王无话可说。这便是"晏子使楚"的故事。

而这样一位机智的政治家，孔子为何会说他“巧言令色”呢？

据《史记·孔子世家》记载，孔子35岁时，因鲁国内乱流亡到齐国后，找齐国上卿高昭子帮忙向齐景公引荐自己。这时，晏子是齐国的宰相。五年前，他曾与齐景公一起到过鲁国，与孔子见过面。

齐景公见到孔子，奇怪地问：“你不是认识晏子吗？怎么没去见见他呢？”孔子回答说：“晏子侍奉了三代不同性格的君王，这说明他没有专一的做人准则，所以不见他。”由此可见，孔子对晏子是有些不满的。

后来，晏子也向齐景公表达了自己对孔子学说的不认可，这对孔子打击很大，也使他不再被齐景公信任。晏子能言善辩，又善于看人行事，这与“巧言令色”的特征高度吻合。所以，有学者根据他们二人的交往过程，推测“巧言令色，鲜矣仁”是孔子对晏子的不点名批评。

读《论语》学成语

释义

巧言令色：形容假装和善的样子，实际上用虚伪的花言巧语来讨好。

例句

做人要坦诚，不要做一个巧言令色的人。

25.

说到就要做到

春秋时期，吴王阖闾（hé lǘ）非常敬佩当时的军事家孙武，他向孙武请教打造一支有战斗力的军队的方法。

孙武回答说："首先要令行禁止，只要士兵们可以不折不扣地执行我的命令，那么再弱的士兵也能变强。"

吴王有些不相信，开玩笑说："那就算给先生一支由宫女组成的军队，也能把她们训练成战士？"孙武点头称是。于是吴王派宫女组成两支队伍，让两位宠爱的美人分别担任队长。

孙武开始整队，可是宫女们纪律涣散，叽叽喳喳说个不停，作为队长的两个美人也是一样懒散，根本就不听孙武的命令。

孙武看到这种情况，要以领队无方的罪名，把吴王宠爱的两位美人斩首示众。吴王听到这个消息，慌忙赶过来求情。孙武拒绝了吴王的要求，说："如果军令不能得到贯彻执行，那么军队永远也不能打胜仗。将在外，君命有所不受，请原谅我不能接受大王您的求情。"

孙武当场将两个美人斩首示众，宫女们都害怕极了。孙武再次发号施令时，所有人都听从他的指挥，进退有度。后来，"言必信，行必果"的孙武果真为吴国打造了一支强大的军队。

孔子认为，"言必信，行必果"是作为一个"士"的标准。什么是"士"？孔子和学生之间也有过专门的讨论。

孔子认为，"士"有三等。最上等的"士"，是可以为国家效力的人；次一等的"士"是孝顺老人，为乡亲敬仰的人；再次一等的"士"，是那些可以说到做到、有始有终，"言必信，行必果"的人。

读《论语》学道理

原文

zǐ gòng wèn yuē hé rú sī kě wèi zhī shì
子贡问曰："何如斯可谓之士①

yǐ zǐ yuē xíng jǐ yǒu chǐ shǐ yú sì
矣？"子曰："行己有耻，使于四

fāng bù rǔ jūn mìng kě wèi shì yǐ
方，不辱君命，可谓士矣。"

yuē gǎn wèn qí cì yuē zōng zú
曰："敢问其次。"曰："宗族

chēng xiào yān xiāng dǎng chēng tì yān
称孝焉，乡党称弟焉。"

yuē gǎn wèn qí cì yuē yán bì
曰："敢问其次。"曰："言必

xìn xíng bì guǒ kēng kēng rán xiǎo rén zāi yì
信，行必果②，硁硁③然小人哉！抑

yì kě yǐ wéi cì yǐ
亦可以为次矣。"

yuē jīn zhī cóng zhèng zhě hé rú
曰："今之从政者何如？"

zǐ yuē yī dǒu shāo zhī rén hé zú
子曰："噫！斗筲之人④，何足

suàn yě
算也？"

——《论语·子路篇第十三》

注释

❶ **士：** 古代“士”的含义经历过多次变化。士的本义是刑官，逐渐引申指贵族的最低一级，后来成为知识分子的统称。

❷ **果：** 坚持到底、有结果的意思。

❸ **硁硁：** 形容敲击石头的声音。这里引申为像石块一样坚不可摧。

❹ **斗筲之人：** 比喻见识、器量狭小的人。斗和筲都是古代的容器。

译文

子贡问：“怎样才可以被称为‘士’？”孔子说：“平时在为人处世时，保持羞耻之心；出使外国时，可以很好地完成君主交付的使命，这样的人就可以称为士了。”

子贡说：“请问次一等士的标准。”孔子说：“宗族里的人都称赞他孝顺父母，乡亲们都称赞他恭敬尊长。”

子贡又说：“请问再次一等士的标准。”孔子说：“说话一定讲信用，做事一定有结果，这是不问是非黑白，只管贯彻自己言行的小人！但也可以说是再次一等的士了。”

子贡说：“现在的执政者您觉得怎么样？”孔子说：“唉！这般器量狭小的人算得了什么？”

小小故事会

坚持守信的齐桓公

鲁国有一位勇士曹沫，因为有勇有谋而被鲁庄公看重，鲁庄公任命他为将军。

曹沫曾经率军与齐国作战，三战三败。鲁庄公没办法，只好献上遂邑这块地方向齐国求和，但他仍然重用曹沫。

这时候的齐桓公，已经成为诸侯霸主。齐桓公答应和鲁国在柯地会盟。在会盟的过程中，曹沫手持匕首，突然冲到祭坛上抓住齐桓公。齐桓公身边的人都不敢对他动手，责问道："你这是要干什么？"

曹沫说："你们齐国屡次侵犯鲁国的领土，实在是欺人太甚了。齐国、鲁国是相邻的国家，请齐君考虑与鲁国和平相处！"齐桓公只好答应归还从鲁国侵占的土地。曹沫这才扔掉匕首，放开齐桓公。

齐国的臣子们都愤愤不平，被释放的齐桓公也很恼火，想背弃誓约。相国管仲劝他说："国君您不能这样。平民之间立约，尚且不能失信，何况一国之君呢？因贪图一时小利，导致在诸侯国中失去信义、失去齐国的民心，得不偿失啊！还是将国土还给鲁国吧！"

齐桓公觉得管仲的话很有道理，于是遵守约定，归还了鲁国的领土。各诸侯国听说齐桓公被挟持了依然守约，对齐国更加敬服。

读《论语》学短语

释义

言必信，行必果：说出的话一定要做到，行动了就一定要坚持到有结果。

例句

我们应该养成诚实守信的好习惯，做到言必信，行必果。

小小思想家

讲诚信的人，会得到别人的尊重和信任，还会得到纯真的友谊。而一个人如果不讲诚信，就很容易失去朋友。你是愿意做一个受人欢迎的诚信者，还是做一个被人疏远、失信的人呢？

目录

xué ér piān dì yī
学而篇第一

zǐ yuē xué ér shí xí zhī bú yì yuè hū yǒu péng zì
1.1 子曰："学而时习之，不亦说乎？有朋自
yuǎn fāng lái bú yì lè hū rén bù zhī ér bú yùn bú yì jūn
远方来，不亦乐乎？人不知而不愠，不亦君
zǐ hū
子乎？"

yǒu zǐ yuē qí wéi rén yě xiào tì ér hào fàn shàng zhě
1.2 有子曰："其为人也孝弟，而好犯上者，
xiǎn yǐ bú hào fàn shàng ér hào zuò luàn zhě wèi zhī yǒu yě
鲜矣；不好犯上，而好作乱者，未之有也。
jūn zǐ wù běn běn lì ér dào shēng xiào tì yě zhě qí wéi rén
君子务本，本立而道生。孝弟也者，其为仁
zhī běn yú
之本与！"

zǐ yuē qiǎo yán lìng sè xiǎn yǐ rén
1.3 子曰："巧言令色，鲜矣仁！"

zēng zǐ yuē wú rì sān xǐng wú shēn wéi rén móu ér bù zhōng
1.4 曾子曰："吾日三省吾身：为人谋而不忠
hū yǔ péng yǒu jiāo ér bú xìn hū chuán bù xí hū
乎？与朋友交而不信乎？传不习乎？"

zǐ yuē dǎo qiān shèng zhī guó jìng shì ér xìn jié yòng ér
1.5 子曰："道千乘之国，敬事而信，节用而
ài rén shǐ mín yǐ shí
爱人，使民以时。"

zǐ yuē dì zǐ rù zé xiào chū zé tì jǐn ér
1.6 子曰："弟子入则孝，出则悌，谨而
xìn fàn ài zhòng ér qīn rén xíng yǒu yú lì zé yǐ
信，泛爱众，而亲仁。行有余力，则以
xué wén
学文。"

zǐ xià yuē xián xián yì sè shì fù mǔ néng jié qí lì
1.7 子夏曰："贤贤易色；事父母，能竭其力；
shì jūn néng zhì qí shēn yǔ péng yǒu jiāo yán ér yǒu xìn suī
事君，能致其身；与朋友交，言而有信。虽
yuē wèi xué wú bì wèi zhī xué yǐ
曰未学，吾必谓之学矣。"

zǐ yuē jūn zǐ bú zhòng zé bù wēi xué zé bú gù
1.8 子曰："君子不重，则不威；学则不固。
zhǔ zhōng xìn wú yǒu bù rú jǐ zhě guò zé wù dàn gǎi
主忠信。无友不如己者。过，则勿惮改。"

zēng zǐ yuē shèn zhōng zhuī yuǎn mín dé guī hòu yǐ
1.9 曾子曰："慎终，追远，民德归厚矣。"

zǐ qín wèn yú zǐ gòng yuē fū zǐ zhì yú shì bāng yě bì
1.10 子禽问于子贡曰："夫子至于是邦也，必
wén qí zhèng qiú zhī yú yì yǔ zhī yú zǐ gòng yuē fū
闻其政，求之与？抑与之与？"子贡曰："夫
zǐ wēn liáng gōng jiǎn ràng yǐ dé zhī fū zǐ zhī qiú zhī
子温、良、恭、俭、让以得之。夫子之求之
yě qí zhū yì hū rén zhī qiú zhī yú
也，其诸异乎人之求之与？"

zǐ yuē fù zài guān qí zhì fù mò guān qí xíng
1.11 子曰："父在，观其志；父没，观其行；
sān nián wú gǎi yú fù zhī dào kě wèi xiào yǐ
三年无改于父之道，可谓孝矣。"

yǒu zǐ yuē lǐ zhī yòng hé wéi guì xiān wáng zhī dào
1.12 有子曰："礼之用，和为贵。先王之道，
sī wéi měi xiǎo dà yóu zhī yǒu suǒ bù xíng zhī hé ér hé
斯为美；小大由之。有所不行，知和而和，
bù yǐ lǐ jié zhī yì bù kě xíng yě
不以礼节之，亦不可行也。"

yǒu zǐ yuē xìn jìn yú yì yán kě fù yě gōng jìn yú
1.13 有子曰："信近于义，言可复也。恭近于
lǐ yuǎn chǐ rǔ yě yīn bù shī qí qīn yì kě zōng yě
礼，远耻辱也。因不失其亲，亦可宗也。"

zǐ yuē jūn zǐ shí wú qiú bǎo jū wú qiú ān mǐn
1.14 子曰："君子食无求饱，居无求安，敏

yú shì ér shèn yú yán jiù yǒu dào ér zhèng yān kě wèi hào xué
于事而慎于言，就有道而正焉，可谓好学
yě yǐ
也已。”

zǐ gòng yuē pín ér wú chǎn fù ér wú jiāo hé rú zǐ
1.15 子贡曰：“贫而无谄，富而无骄，何如？”子
yuē kě yě wèi ruò pín ér lè fù ér hào lǐ zhě yě
曰：“可也；未若贫而乐，富而好礼者也。”

zǐ gòng yuē shī yún rú qiē rú cuō rú zhuó
子贡曰：“《诗》云：‘如切如磋，如琢
rú mó qí sī zhī wèi yú zǐ yuē cì yě shǐ kě
如磨’，其斯之谓与？”子曰：“赐也，始可
yǔ yán shī yǐ yǐ gào zhū wǎng ér zhī lái zhě
与言《诗》已矣，告诸往而知来者。”

zǐ yuē bú huàn rén zhī bù jǐ zhī huàn bù zhī rén yě
1.16 子曰：“不患人之不己知，患不知人也。”

wéi zhèng piān dì èr
为政篇第二

zǐ yuē wéi zhèng yǐ dé pì rú běi chén jū qí suǒ ér zhòng
2.1 子曰：“为政以德，譬如北辰居其所而众
xīng gòng zhī
星共之。”

zǐ yuē shī sān bǎi yì yán yǐ bì zhī yuē
2.2 子曰：“《诗》三百，一言以蔽之，曰：
sī wú xié
‘思无邪’。”

zǐ yuē dǎo zhī yǐ zhèng qí zhī yǐ xíng mín miǎn ér wú
2.3 子曰：“道之以政，齐之以刑，民免而无
chǐ dào zhī yǐ dé qí zhī yǐ lǐ yǒu chǐ qiě gé
耻；道之以德，齐之以礼，有耻且格。”

zǐ yuē wú shí yòu wǔ ér zhì yú xué sān shí ér lì
2.4 子曰：“吾十有五而志于学，三十而立，

sì shí ér bú huò wǔ shí ér zhī tiān mìng liù shí ér ěr shùn
四十而不惑，五十而知天命，六十而耳顺，
qī shí ér cóng xīn suǒ yù bù yú jǔ
七十而从心所欲，不逾矩。”

mèng yì zǐ wèn xiào zǐ yuē wú wéi
2.5 孟懿子问孝。子曰：“无违。”

fán chí yù zǐ gào zhī yuē mèng sūn wèn xiào yú wǒ wǒ
樊迟御，子告之曰：“孟孙问孝于我，我
duì yuē wú wéi fán chí yuē hé wèi yě zǐ yuē
对曰，无违。”樊迟曰：“何谓也？”子曰：
shēng shì zhī yǐ lǐ sǐ zàng zhī yǐ lǐ jì zhī yǐ lǐ
“生，事之以礼；死，葬之以礼，祭之以礼。”

mèng wǔ bó wèn xiào zǐ yuē fù mǔ wéi qí jí zhī yōu
2.6 孟武伯问孝。子曰：“父母唯其疾之忧。”

zǐ yóu wèn xiào zǐ yuē jīn zhī xiào zhě shì wèi néng
2.7 子游问孝。子曰：“今之孝者，是谓能
yǎng zhì yú quǎn mǎ jiē néng yǒu yǎng bú jìng hé yǐ bié hū
养。至于犬马，皆能有养。不敬，何以别乎？”

zǐ xià wèn xiào zǐ yuē sè nán yǒu shì dì zǐ fú
2.8 子夏问孝。子曰：“色难。有事，弟子服
qí láo yǒu jiǔ shí xiān shēng zhuàn zēng shì yǐ wéi xiào hū
其劳；有酒食，先生馔，曾是以为孝乎？”

zǐ yuē wú yǔ huí yán zhōng rì bù wéi rú yú tuì
2.9 子曰：“吾与回言终日，不违，如愚。退
ér xǐng qí sī yì zú yǐ fā huí yě bù yú
而省其私，亦足以发，回也不愚。”

zǐ yuē shì qí suǒ yǐ guān qí suǒ yóu chá qí suǒ
2.10 子曰：“视其所以，观其所由，察其所
ān rén yān sōu zāi rén yān sōu zāi
安。人焉廋哉？人焉廋哉？”

zǐ yuē wēn gù ér zhī xīn kě yǐ wéi shī yǐ
2.11 子曰：“温故而知新，可以为师矣。”

zǐ yuē jūn zǐ bú qì
2.12 子曰：“君子不器。”

zǐ gòng wèn jūn zǐ zǐ yuē xiān xíng qí yán ér hòu cóng zhī
2.13 子贡问君子。子曰："先行其言而后从之。"

zǐ yuē jūn zǐ zhōu ér bù bǐ xiǎo rén bǐ ér bù zhōu
2.14 子曰："君子周而不比，小人比而不周。"

zǐ yuē xué ér bù sī zé wǎng sī ér bù xué zé dài
2.15 子曰："学而不思则罔，思而不学则殆。"

zǐ yuē gōng hū yì duān sī hài yě yǐ
2.16 子曰："攻乎异端，斯害也已。"

zǐ yuē yóu huì rǔ zhī zhī hū zhī zhī wéi zhī zhī bù zhī wéi bù zhī shì zhì yě
2.17 子曰："由！诲女知之乎！知之为知之，不知为不知，是知也。"

zǐ zhāng xué gān lù zǐ yuē duō wén quē yí shèn yán qí yú zé guǎ yóu duō jiàn quē dài shèn xíng qí yú zé guǎ huǐ yán guǎ yóu xíng guǎ huǐ lù zài qí zhōng yǐ
2.18 子张学干禄。子曰："多闻阙疑，慎言其余，则寡尤；多见阙殆，慎行其余，则寡悔。言寡尤，行寡悔，禄在其中矣。"

āi gōng wèn yuē hé wéi zé mín fú kǒng zǐ duì yuē jǔ zhí cuò zhū wǎng zé mín fú jǔ wǎng cuò zhū zhí zé mín bù fú
2.19 哀公问曰："何为则民服？"孔子对曰："举直错诸枉，则民服；举枉错诸直，则民不服。"

jì kāng zǐ wèn shǐ mín jìng zhōng yǐ quàn rú zhī hé zǐ yuē lín zhī yǐ zhuāng zé jìng xiào cí zé zhōng jǔ shàn ér jiào bù néng zé quàn
2.20 季康子问："使民敬，忠以劝，如之何？"子曰："临之以庄，则敬；孝慈，则忠；举善而教不能，则劝。"

huò wèi kǒng zǐ yuē zǐ xī bù wéi zhèng zǐ yuē shū yún xiào hū wéi xiào yǒu yú xiōng dì shī yú yǒu
2.21 或谓孔子曰："子奚不为政？"子曰："《书》云：'孝乎惟孝，友于兄弟，施于有

zhèng shì yì wéi zhèng xī qí wéi wéi zhèng
政。'是亦为政，奚其为为政？"

zǐ yuē rén ér wú xìn bù zhī qí kě yě dà chē wú ní xiǎo chē wú yuè qí hé yǐ xíng zhī zāi
2.22 子曰："人而无信，不知其可也。大车无輗，小车无軏，其何以行之哉？"

zǐ zhāng wèn shí shì kě zhī yě zǐ yuē yīn yīn yú xià lǐ suǒ sǔn yì kě zhī yě zhōu yīn yú yīn lǐ suǒ sǔn yì kě zhī yě qí huò jì zhōu zhě suī bǎi shì kě zhī yě
2.23 子张问："十世可知也？"子曰："殷因于夏礼，所损益，可知也；周因于殷礼，所损益，可知也。其或继周者，虽百世，可知也。"

zǐ yuē fēi qí guǐ ér jì zhī chǎn yě jiàn yì bù wéi wú yǒng yě
2.24 子曰："非其鬼而祭之，谄也。见义不为，无勇也。"

bā yì piān dì sān
八佾篇第三

kǒng zǐ wèi jì shì bā yì wǔ yú tíng shì kě rěn yě shú bù kě rěn yě
3.1 孔子谓季氏："八佾舞于庭，是可忍也，孰不可忍也？"

sān jiā zhě yǐ yōng chè zǐ yuē xiàng wéi bì gōng tiān zǐ mù mù xī qǔ yú sān jiā zhī táng
3.2 三家者以《雍》彻。子曰："'相维辟公，天子穆穆'，奚取于三家之堂？"

zǐ yuē rén ér bù rén rú lǐ hé rén ér bù rén rú yuè hé
3.3 子曰："人而不仁，如礼何？人而不仁，如乐何？"

lín fàng wèn lǐ zhī běn zǐ yuē dà zāi wèn lǐ yǔ
3.4 林放问礼之本。子曰：“大哉问！礼，与
qí shē yě nìng jiǎn sāng yǔ qí yì yě nìng qī
其奢也，宁俭；丧，与其易也，宁戚。”

zǐ yuē yí dí zhī yǒu jūn bù rú zhū xià zhī wú yě
3.5 子曰：“夷狄之有君，不如诸夏之亡也。”

jì shì lǚ yú tài shān zǐ wèi rǎn yǒu yuē rǔ fú néng jiù
3.6 季氏旅于泰山。子谓冉有曰：“女弗能救
yú duì yuē bù néng zǐ yuē wū hū zēng wèi
与？”对曰：“不能。”子曰：“呜呼！曾谓
tài shān bù rú lín fàng hū
泰山不如林放乎？”

zǐ yuē jūn zǐ wú suǒ zhēng bì yě shè hū yī ràng ér
3.7 子曰：“君子无所争。必也射乎！揖让而
shēng xià ér yǐn qí zhēng yě jūn zǐ
升，下而饮。其争也君子。”

zǐ xià wèn yuē qiǎo xiào qiàn xī měi mù pàn xī sù
3.8 子夏问曰：“‘巧笑倩兮，美目盼兮，素
yǐ wéi xuàn xī hé wèi yě zǐ yuē huì shì hòu sù
以为绚兮。’何谓也？”子曰：“绘事后素。”

yuē lǐ hòu hū zǐ yuē qǐ yú zhě shāng yě
曰：“礼后乎？”子曰：“起予者商也！
shǐ kě yǔ yán shī yǐ yǐ
始可与言《诗》已矣。”

zǐ yuē xià lǐ wú néng yán zhī qǐ bù
3.9 子曰：“夏礼，吾能言之，杞不
zú zhēng yě yīn lǐ wú néng yán zhī sòng bù zú zhēng
足征也；殷礼，吾能言之，宋不足征
yě wén xiàn bù zú gù yě zú zé wú néng zhēng
也。文献不足故也。足，则吾能征
zhī yǐ
之矣。”

zǐ yuē dì zì jì guàn ér wǎng zhě wú bù yù guān
3.10 子曰：“禘自既灌而往者，吾不欲观
zhī yǐ
之矣。”

huò wèn dì zhī shuō zǐ yuē bù zhī yě zhī qí shuō zhě
3.11 或问禘之说。子曰："不知也；知其说者
zhī yú tiān xià yě qí rú shì zhū sī hū zhǐ qí zhǎng
之于天下也，其如示诸斯乎！"指其掌。

jì rú zài jì shén rú shén zài zǐ yuē wú bú yǔ
3.12 祭如在，祭神如神在。子曰："吾不与
jì rú bú jì
祭，如不祭。"

wáng sūn jiǎ wèn yuē yǔ qí mèi yú ào nìng mèi yú
3.13 王孙贾问曰："'与其媚于奥，宁媚于
zào hé wèi yě zǐ yuē bù rán huò zuì yú tiān
灶'，何谓也？"子曰："不然；获罪于天，
wú suǒ dǎo yě
无所祷也。"

zǐ yuē zhōu jiàn yú èr dài yù yù hū wén zāi wú
3.14 子曰："周监于二代，郁郁乎文哉！吾
cóng zhōu
从周。"

zǐ rù tài miào měi shì wèn huò yuē shú wèi zōu rén zhī
3.15 子入太庙，每事问。或曰："孰谓鄹人之
zǐ zhī lǐ hū rù tài miào měi shì wèn zǐ wén zhī yuē
子知礼乎？入太庙，每事问。"子闻之，曰：
shì lǐ yě
"是礼也。"

zǐ yuē shè bù zhǔ pí wèi lì bù tóng kē gǔ zhī
3.16 子曰："射不主皮，为力不同科，古之
dào yě
道也。"

zǐ gòng yù qù gù shuò zhī xì yáng zǐ yuē cì yě ěr
3.17 子贡欲去告朔之饩羊。子曰："赐也！尔
ài qí yáng wǒ ài qí lǐ
爱其羊，我爱其礼。"

zǐ yuē shì jūn jìn lǐ rén yǐ wéi chǎn yě
3.18 子曰："事君尽礼，人以为谄也。"

dìng gōng wèn jūn shǐ chén chén shì jūn rú zhī hé
3.19 定公问："君使臣，臣事君，如之何？"

kǒng zǐ duì yuē jūn shǐ chén yǐ lǐ chén shì jūn yǐ zhōng
孔子对曰：“君使臣以礼，臣事君以忠。”

zǐ yuē guān jū lè ér bù yín āi ér bù shāng
3.20 子曰：“《关雎》，乐而不淫，哀而不伤。”

āi gōng wèn shè yú zǎi wǒ zǎi wǒ duì yuē xià hòu shì yǐ sōng yīn rén yǐ bǎi zhōu rén yǐ lì yuē shǐ mín zhàn lì
3.21 哀公问社于宰我。宰我对曰：“夏后氏以松，殷人以柏，周人以栗，曰，使民战栗。”
zǐ wén zhī yuē chéng shì bù shuō suì shì bú jiàn jì wǎng bú jiù
子闻之，曰：“成事不说，遂事不谏，既往不咎。”

zǐ yuē guǎn zhòng zhī qì xiǎo zāi
3.22 子曰：“管仲之器小哉！”

huò yuē guǎn zhòng jiǎn hū yuē guǎn shì yǒu sān guī guān shì bú shè yān dé jiǎn
或曰：“管仲俭乎？”曰：“管氏有三归，官事不摄，焉得俭？”

rán zé guǎn zhòng zhī lǐ hū yuē bāng jūn shù sè mén guǎn shì yì shù sè mén bāng jūn wéi liǎng jūn zhī hǎo yǒu fǎn diàn guǎn shì yì yǒu fǎn diàn guǎn shì ér zhī lǐ shú bù zhī lǐ
“然则管仲知礼乎？”曰：“邦君树塞门，管氏亦树塞门。邦君为两君之好，有反坫，管氏亦有反坫。管氏而知礼，孰不知礼？”

zǐ yù lǔ tài shī yuè yuē yuè qí kě zhī yě shǐ zuò xī rú yě zòng zhī chún rú yě jiǎo rú yě yì rú yě yǐ chéng
3.23 子语鲁大师乐，曰：“乐其可知也：始作，翕如也；从之，纯如也，皦如也，绎如也，以成。”

yí fēng rén qǐng xiàn yuē jūn zǐ zhī zhì yú sī yě wú wèi cháng bù dé jiàn yě cóng zhě xiàn zhī chū yuē èr sān zǐ hé huàn yú sàng hū tiān xià zhī wú dào yě jiǔ yǐ tiān jiāng yǐ fū zǐ wéi mù duó
3.24 仪封人请见，曰：“君子之至于斯也，吾未尝不得见也。”从者见之。出曰：“二三子何患于丧乎？天下之无道也久矣，天将以夫子为木铎。”

zǐ wèi sháo jìn měi yǐ yòu jìn shàn yě wèi
3.25 子谓《韶》："尽美矣，又尽善也。"谓
wǔ jìn měi yǐ wèi jìn shàn yě
《武》："尽美矣，未尽善也。"

zǐ yuē jū shàng bù kuān wéi lǐ bú jìng lín sāng bù
3.26 子曰："居上不宽，为礼不敬，临丧不
āi wú hé yǐ guān zhī zāi
哀，吾何以观之哉？"

lǐ rén piān dì sì
里仁篇第四

zǐ yuē lǐ rén wéi měi zé bù chǔ rén yān dé zhì
4.1 子曰："里仁为美。择不处仁，焉得知？"

zǐ yuē bù rén zhě bù kě yǐ jiǔ chǔ yuē bù kě yǐ cháng
4.2 子曰："不仁者不可以久处约，不可以长
chǔ lè rén zhě ān rén zhì zhě lì rén
处乐。仁者安仁，知者利仁。"

zǐ yuē wéi rén zhě néng hào rén néng wù rén
4.3 子曰："唯仁者能好人，能恶人。"

zǐ yuē gǒu zhì yú rén yǐ wú wù yě
4.4 子曰："苟志于仁矣，无恶也。"

zǐ yuē fù yǔ guì shì rén zhī suǒ yù yě bù yǐ qí
4.5 子曰："富与贵，是人之所欲也；不以其
dào dé zhī bù chǔ yě pín yǔ jiàn shì rén zhī suǒ wù yě
道得之，不处也。贫与贱，是人之所恶也；
bù yǐ qí dào dé zhī bú qù yě jūn zǐ qù rén wū hū chéng
不以其道得之，不去也。君子去仁，恶乎成
míng jūn zǐ wú zhōng shí zhī jiān wéi rén zào cì bì yú shì diān
名？君子无终食之间违仁，造次必于是，颠
pèi bì yú shì
沛必于是。"

zǐ yuē wǒ wèi jiàn hào rén zhě wù bù rén zhě hào
4.6 子曰："我未见好仁者，恶不仁者。好

rén zhě wú yǐ shàng zhī wù bù rén zhě qí wéi rén yǐ bù
仁者，无以尚之；恶不仁者，其为仁矣，不
shǐ bù rén zhě jiā hū qí shēn yǒu néng yí rì yòng qí lì yú rén yǐ
使不仁者加乎其身。有能一日用其力于仁矣
hū wǒ wèi jiàn lì bù zú zhě gài yǒu zhī yǐ wǒ wèi zhī
乎？我未见力不足者。盖有之矣，我未之
jiàn yě
见也。”

zǐ yuē rén zhī guò yě gè yú qí dǎng guān guò sī
4.7 子曰：“人之过也，各于其党。观过，斯
zhī rén yǐ
知仁矣。”

zǐ yuē zhāo wén dào xī sǐ kě yǐ
4.8 子曰：“朝闻道，夕死可矣。”

zǐ yuē shì zhì yú dào ér chǐ è yī è shí zhě wèi
4.9 子曰：“士志于道，而耻恶衣恶食者，未
zú yǔ yì yě
足与议也。”

zǐ yuē jūn zǐ zhī yú tiān xià yě wú dí yě wú mù
4.10 子曰：“君子之于天下也，无适也，无莫
yě yì zhī yǔ bǐ
也，义之与比。”

zǐ yuē jūn zǐ huái dé xiǎo rén huái tǔ jūn zǐ huái
4.11 子曰：“君子怀德，小人怀土；君子怀
xíng xiǎo rén huái huì
刑，小人怀惠。”

zǐ yuē fǎng yú lì ér xíng duō yuàn
4.12 子曰：“放于利而行，多怨。”

zǐ yuē néng yǐ lǐ ràng wéi guó hū hé yǒu bù néng yǐ
4.13 子曰：“能以礼让为国乎？何有？不能以
lǐ ràng wéi guó rú lǐ hé
礼让为国，如礼何？”

zǐ yuē bú huàn wú wèi huàn suǒ yǐ lì bú huàn mò jǐ
4.14 子曰：“不患无位，患所以立。不患莫己
zhī qiú wéi kě zhī yě
知，求为可知也。”

zǐ yuē shēn hū wú dào yī yǐ guàn zhī zēng zǐ
4.15 子曰：“参乎！吾道一以贯之。”曾子
yuē wěi
曰：“唯。”

zǐ chū mén rén wèn yuē hé wèi yě zēng zǐ yuē
子出，门人问曰：“何谓也？”曾子曰：
fū zǐ zhī dào zhōng shù ér yǐ yǐ
“夫子之道，忠恕而已矣。”

zǐ yuē jūn zǐ yù yú yì xiǎo rén yù yú lì
4.16 子曰：“君子喻于义，小人喻于利。”

zǐ yuē jiàn xián sī qí yān jiàn bù xián ér nèi zì
4.17 子曰：“见贤思齐焉，见不贤而内自
xǐng yě
省也。”

zǐ yuē shì fù mǔ jī jiàn jiàn zhì bù cóng yòu jìng bù
4.18 子曰：“事父母几谏，见志不从，又敬不
wéi láo ér bú yuàn
违，劳而不怨。”

zǐ yuē fù mǔ zài bù yuǎn yóu yóu bì yǒu fāng
4.19 子曰：“父母在，不远游，游必有方。”

zǐ yuē sān nián wú gǎi yú fù zhī dào kě wèi xiào yǐ
4.20 子曰：“三年无改于父之道，可谓孝矣。”

zǐ yuē fù mǔ zhī nián bù kě bù zhī yě yī zé yǐ
4.21 子曰：“父母之年，不可不知也。一则以
xǐ yī zé yǐ jù
喜，一则以惧。”

zǐ yuē gǔ zhě yán zhī bù chū chǐ gōng zhī bú dài yě
4.22 子曰：“古者言之不出，耻躬之不逮也。”

zǐ yuē yǐ yuē shī zhī zhě xiǎn yǐ
4.23 子曰：“以约失之者鲜矣。”

zǐ yuē jūn zǐ yù nè yú yán ér mǐn yú xíng
4.24 子曰：“君子欲讷于言而敏于行。”

zǐ yuē dé bù gū bì yǒu lín
4.25 子曰：“德不孤，必有邻。”

zǐ yóu yuē shì jūn shuò sī rǔ yǐ péng yǒu shuò sī
4.26 子游曰：“事君数，斯辱矣；朋友数，斯
shū yǐ
疏矣。”

gōng yě cháng piān dì wǔ
公冶长篇第五

zǐ wèi gōng yě cháng kě qì yě suī zài léi xiè zhī zhōng
5.1 子谓公冶长：“可妻也。虽在缧绁之中，
fēi qí zuì yě yǐ qí zǐ qì zhī
非其罪也。”以其子妻之。

zǐ wèi nán róng bāng yǒu dào bú fèi bāng wú dào miǎn
5.2 子谓南容：“邦有道，不废；邦无道，免
yú xíng lù yǐ qí xiōng zhī zǐ qì zhī
于刑戮。”以其兄之子妻之。

zǐ wèi zǐ jiàn jūn zǐ zāi ruò rén lǔ wú jūn zǐ zhě
5.3 子谓子贱：“君子哉若人！鲁无君子者，
sī yān qǔ sī
斯焉取斯？”

zǐ gòng wèn yuē cì yě hé rú zǐ yuē rǔ
5.4 子贡问曰：“赐也何如？”子曰：“女，
qì yě yuē hé qì yě yuē hú liǎn yě
器也。”曰：“何器也？”曰：“瑚琏也。”

huò yuē yōng yě rén ér bú nìng zǐ yuē yān yòng
5.5 或曰：“雍也仁而不佞。”子曰：“焉用
nìng yù rén yǐ kǒu jǐ lǚ zēng yú rén bù zhī qí rén yān
佞？御人以口给，屡憎于人。不知其仁，焉
yòng nìng
用佞？”

zǐ shǐ qī diāo kāi shì duì yuē wú sī zhī wèi néng xìn
5.6 子使漆雕开仕。对曰：“吾斯之未能信。”
zǐ yuè
子说。

zǐ yuē dào bù xíng chéng fú fú yú hǎi cóng wǒ zhě
5.7 子曰："道不行，乘桴浮于海。从我者，
qí yóu yú zǐ lù wén zhī xǐ zǐ yuē yóu yě hào yǒng guò
其由与？"子路闻之喜。子曰："由也好勇过
wǒ wú suǒ qǔ cái
我，无所取材。"

mèng wǔ bó wèn zǐ lù rén hū zǐ yuē bù zhī
5.8 孟武伯问："子路仁乎？"子曰："不知
yě yòu wèn zǐ yuē yóu yě qiān shèng zhī guó kě shǐ
也。"又问。子曰："由也，千乘之国，可使
zhì qí fù yě bù zhī qí rén yě
治其赋也，不知其仁也。"

qiú yě hé rú zǐ yuē qiú yě qiān shì
"求也何如？"子曰："求也，千室
zhī yì bǎi shèng zhī jiā kě shǐ wéi zhī zǎi yě bù zhī qí
之邑，百乘之家，可使为之宰也，不知其
rén yě
仁也。"

chì yě hé rú zǐ yuē chì yě shù dài lì yú
"赤也何如？"子曰："赤也，束带立于
cháo kě shǐ yǔ bīn kè yán yě bù zhī qí rén yě
朝，可使与宾客言也，不知其仁也。"

zǐ wèi zǐ gòng yuē rǔ yǔ huí yě shú yù duì yuē
5.9 子谓子贡曰："女与回也孰愈？"对曰：
cì yě hé gǎn wàng huí huí yě wén yī yǐ zhī shí cì yě
"赐也何敢望回？回也闻一以知十，赐也
wén yī yǐ zhī èr zǐ yuē fú rú yě wú yǔ rǔ fú rú yě
闻一以知二。"子曰："弗如也；吾与女弗如也。"

zǎi yú zhòu qǐn zǐ yuē xiǔ mù bù kě diāo yě fèn tǔ
5.10 宰予昼寝。子曰："朽木不可雕也，粪土
zhī qiáng bù kě wū yě yú yú yú hé zhū zǐ yuē shǐ wú
之墙不可杇也。于予与何诛？"子曰："始吾
yú rén yě tīng qí yán ér xìn qí xíng jīn wú yú rén yě tīng
于人也，听其言而信其行；今吾于人也，听
qí yán ér guān qí xíng yú yú yú gǎi shì
其言而观其行。于予与改是。"

zǐ yuē wú wèi jiàn gāng zhě huò duì yuē shēn
5.11 子曰：“吾未见刚者。”或对曰：“申
chéng zǐ yuē chéng yě yù yān dé gāng
枨。”子曰：“枨也欲，焉得刚？”

zǐ gòng yuē wǒ bù yù rén zhī jiā zhū wǒ yě wú yì yù
5.12 子贡曰：“我不欲人之加诸我也，吾亦欲
wú jiā zhū rén zǐ yuē cì yě fēi ěr suǒ jí yě
无加诸人。”子曰：“赐也，非尔所及也。”

zǐ gòng yuē fū zǐ zhī wén zhāng kě dé ér wén yě fū
5.13 子贡曰：“夫子之文章，可得而闻也；夫
zǐ zhī yán xìng yǔ tiān dào bù kě dé ér wén yě
子之言性与天道，不可得而闻也。”

zǐ lù yǒu wén wèi zhī néng xíng wéi kǒng yòu wén
5.14 子路有闻，未之能行，唯恐有闻。

zǐ gòng wèn yuē kǒng wén zǐ hé yǐ wèi zhī wén
5.15 子贡问曰：“孔文子何以谓之‘文’
yě zǐ yuē mǐn ér hào xué bù chǐ xià wèn shì yǐ wèi
也？”子曰：“敏而好学，不耻下问，是以谓
zhī wén yě
之‘文’也。”

zǐ wèi zǐ chǎn yǒu jūn zǐ zhī dào sì yān qí xíng jǐ
5.16 子谓子产，“有君子之道四焉：其行己
yě gōng qí shì shàng yě jìng qí yǎng mín yě huì qí shǐ mín
也恭，其事上也敬，其养民也惠，其使民
yě yì
也义。”

zǐ yuē yàn píng zhòng shàn yǔ rén jiāo jiǔ ér jìng zhī
5.17 子曰：“晏平仲善与人交，久而敬之。”

zǐ yuē zāng wén zhòng jū cài shān jié zǎo zhuō hé rú qí
5.18 子曰：“臧文仲居蔡，山节藻棁，何如其
zhì yě
知也？”

zǐ zhāng wèn yuē lìng yǐn zǐ wén sān shì wéi lìng yǐn wú xǐ
5.19 子张问曰：“令尹子文三仕为令尹，无喜

sè sān yǐ zhī wú yùn sè jiù lìng yǐn zhī zhèng bì yǐ gào
色；三已之，无愠色。旧令尹之政，必以告
xīn lìng yǐn hé rú zǐ yuē zhōng yǐ yuē rén
新令尹。何如？”子曰：“忠矣。”曰：“仁
yǐ hū yuē wèi zhī yān dé rén
矣乎？”曰：“未知，焉得仁？”

cuī zǐ shì qí jūn chén wén zǐ yǒu mǎ shí shèng qì ér wéi
“崔子弑齐君，陈文子有马十乘，弃而违
zhī zhì yú tā bāng zé yuē yóu wú dà fū cuī zǐ yě
之。至于他邦，则曰：‘犹吾大夫崔子也。’
wéi zhī zhī yì bāng zé yòu yuē yóu wú dà fū cuī zǐ
违之。之一邦，则又曰：‘犹吾大夫崔子
yě wéi zhī hé rú zǐ yuē qīng yǐ yuē
也。’违之。何如？”子曰：“清矣。”曰：
rén yǐ hū yuē wèi zhī yān dé rén
“仁矣乎？”曰：“未知，焉得仁？”

jì wén zǐ sān sī ér hòu xíng zǐ wén zhī yuē zài
5.20 季文子三思而后行。子闻之，曰：“再，
sī kě yǐ
斯可矣。”

zǐ yuē nìng wǔ zǐ bāng yǒu dào zé zhì bāng wú
5.21 子曰：“宁武子，邦有道，则知；邦无
dào zé yú qí zhì kě jí yě qí yú bù kě jí yě
道，则愚。其知可及也，其愚不可及也。”

zǐ zài chén yuē guī yú guī yú wú dǎng zhī xiǎo zǐ
5.22 子在陈，曰：“归与！归与！吾党之小子
kuáng jiǎn fěi rán chéng zhāng bù zhī suǒ yǐ cái zhī
狂简，斐然成章，不知所以裁之。”

zǐ yuē bó yí shū qí bú niàn jiù è yuàn shì
5.23 子曰：“伯夷、叔齐不念旧恶，怨是
yòng xī
用希。”

zǐ yuē shú wèi wēi shēng gāo zhí huò qǐ xī yān qǐ zhū
5.24 子曰：“孰谓微生高直？或乞醯焉，乞诸
qí lín ér yǔ zhī
其邻而与之。”

zǐ yuē qiǎo yán lìng sè zú gōng zuǒ qiū míng chǐ
5.25 子曰："巧言、令色、足恭，左丘明耻
zhī qiū yì chǐ zhī nì yuàn ér yǒu qí rén zuǒ qiū míng chǐ zhī
之，丘亦耻之。匿怨而友其人，左丘明耻之，
qiū yì chǐ zhī
丘亦耻之。"

yán yuān jì lù shì zǐ yuē hé gè yán ěr zhì
5.26 颜渊、季路侍。子曰："盍各言尔志？"

zǐ lù yuē yuàn chē mǎ yì qīng qiú yǔ péng yǒu gòng bì zhī
子路曰："愿车马衣轻裘与朋友共，敝之
ér wú hàn
而无憾。"

yán yuān yuē yuàn wú fá shàn wú shī láo
颜渊曰："愿无伐善，无施劳。"

zǐ lù yuē yuàn wén zǐ zhī zhì
子路曰："愿闻子之志。"

zǐ yuē lǎo zhě ān zhī péng yǒu xìn zhī shào zhě
子曰："老者安之，朋友信之，少者
huái zhī
怀之。"

zǐ yuē yǐ yǐ hū wú wèi jiàn néng jiàn qí guò ér nèi zì
5.27 子曰："已矣乎！吾未见能见其过而内自
sòng zhě yě
讼者也。"

zǐ yuē shí shì zhī yì bì yǒu zhōng xìn rú qiū zhě yān
5.28 子曰："十室之邑，必有忠信如丘者焉，
bù rú qiū zhī hào xué yě
不如丘之好学也。"

yōng yě piān dì liù

雍也篇第六

zǐ yuē yōng yě kě shǐ nán miàn
6.1 子曰："雍也可使南面。"

zhòng gōng wèn zǐ sāng bó zǐ zǐ yuē kě yě jiǎn
6.2 仲弓问子桑伯子。子曰："可也简。"

zhòng gōng yuē jū jìng ér xíng jiǎn yǐ lín qí mín bú yì
仲弓曰："居敬而行简，以临其民，不亦
kě hū jū jiǎn ér xíng jiǎn wú nǎi tài jiǎn hū zǐ yuē
可乎？居简而行简，无乃大简乎？"子曰：
yōng zhī yán rán
"雍之言然。"

āi gōng wèn dì zǐ shú wéi hào xué kǒng zǐ duì yuē
6.3 哀公问："弟子孰为好学？"孔子对曰：
yǒu yán huí zhě hào xué bù qiān nù bú èr guò bú xìng duǎn mìng
"有颜回者好学，不迁怒，不贰过。不幸短命
sǐ yǐ jīn yě zé wú wèi wén hào xué zhě yě
死矣，今也则亡，未闻好学者也。"

zǐ huá shǐ yú qí rǎn zǐ wèi qí mǔ qǐng sù zǐ yuē
6.4 子华使于齐，冉子为其母请粟。子曰：
yǔ zhī fǔ
"与之釜。"

qǐng yì yuē yǔ zhī yǔ
请益。曰："与之庾。"

rǎn zǐ yǔ zhī sù wǔ bǐng
冉子与之粟五秉。

zǐ yuē chì zhī shì qí yě chéng féi mǎ yì qīng qiú
子曰："赤之适齐也，乘肥马，衣轻裘。
wú wén zhī yě jūn zǐ zhōu jí bù jì fù
吾闻之也：君子周急不继富。"

yuán sī wéi zhī zǎi yǔ zhī sù jiǔ bǎi cí zǐ yuē
6.5 原思为之宰，与之粟九百，辞。子曰：
wú yǐ yǔ ěr lín lǐ xiāng dǎng hū
"毋！以与尔邻里乡党乎！"

zǐ wèi zhòng gōng yuē lí niú zhī zǐ xīng qiě jiǎo suī yù
6.6 子谓仲弓，曰：“犁牛之子骍且角，虽欲
wù yòng shān chuān qí shě zhū
勿用，山川其舍诸？”

zǐ yuē huí yě qí xīn sān yuè bù wéi rén qí yú zé
6.7 子曰：“回也，其心三月不违仁，其余则
rì yuè zhì yān ér yǐ yǐ
日月至焉而已矣。”

jì kāng zǐ wèn zhòng yóu kě shǐ cóng zhèng yě yú zǐ
6.8 季康子问：“仲由可使从政也与？”子
yuē yóu yě guǒ yú cóng zhèng hū hé yǒu
曰：“由也果，于从政乎何有？”

yuē cì yě kě shǐ cóng zhèng yě yú yuē cì yě
曰：“赐也可使从政也与？”曰：“赐也
dá yú cóng zhèng hū hé yǒu
达，于从政乎何有？”

yuē qiú yě kě shǐ cóng zhèng yě yú yuē qiú yě
曰：“求也可使从政也与？”曰：“求也
yì yú cóng zhèng hū hé yǒu
艺，于从政乎何有？”

jì shì shǐ mǐn zǐ qiān wéi bì zǎi mǐn zǐ qiān yuē shàn wéi
6.9 季氏使闵子骞为费宰。闵子骞曰：“善为
wǒ cí yān rú yǒu fù wǒ zhě zé wú bì zài wèn shàng yǐ
我辞焉！如有复我者，则吾必在汶上矣。”

bó niú yǒu jí zǐ wèn zhī zì yǒu zhí qí shǒu yuē
6.10 伯牛有疾，子问之，自牖执其手，曰：
wáng zhī mìng yǐ fú sī rén yě ér yǒu sī jí yě sī rén yě
“亡之，命矣夫！斯人也而有斯疾也！斯人也
ér yǒu sī jí yě
而有斯疾也！”

zǐ yuē xián zāi huí yě yī dān shí yī piáo yǐn
6.11 子曰：“贤哉，回也！一箪食，一瓢饮，
zài lòu xiàng rén bù kān qí yōu huí yě bù gǎi qí lè xián zāi
在陋巷，人不堪其忧，回也不改其乐。贤哉，
huí yě
回也！”

rǎn qiú yuē fēi bú yuè zǐ zhī dào lì bù zú
6.12 冉求曰："非不说子之道，力不足
yě zǐ yuē lì bù zú zhě zhōng dào ér fèi jīn
也。"子曰："力不足者，中道而废。今
rǔ huà
女画。"

zǐ wèi zǐ xià yuē rǔ wéi jūn zǐ rú wú wéi xiǎo
6.13 子谓子夏曰："女为君子儒！无为小
rén rú
人儒！"

zǐ yóu wéi wǔ chéng zǎi zǐ yuē rǔ dé rén yān ěr
6.14 子游为武城宰。子曰："女得人焉耳
hū yuē yǒu tán tái miè míng zhě xíng bù yóu jìng fēi gōng
乎？"曰："有澹台灭明者，行不由径，非公
shì wèi cháng zhì yú yǎn zhī shì yě
事，未尝至于偃之室也。"

zǐ yuē mèng zhī fǎn bù fá bēn ér diàn jiāng
6.15 子曰："孟之反不伐，奔而殿，将
rù mén cè qí mǎ yuē fēi gǎn hòu yě mǎ bú
入门，策其马，曰：'非敢后也，马不
jìn yě
进也。'"

zǐ yuē bù yǒu zhù tuó zhī nìng ér yǒu sòng cháo zhī měi
6.16 子曰："不有祝鮀之佞，而有宋朝之美，
nán hū miǎn yú jīn zhī shì yǐ
难乎免于今之世矣。"

zǐ yuē shuí néng chū bù yóu hù hé mò yóu sī
6.17 子曰："谁能出不由户？何莫由斯
dào yě
道也？"

zǐ yuē zhì shèng wén zé yě wén shèng zhì zé shǐ
6.18 子曰："质胜文则野，文胜质则史。
wén zhì bīn bīn rán hòu jūn zǐ
文质彬彬，然后君子。"

zǐ yuē rén zhī shēng yě zhí wǎng zhī shēng yě xìng
6.19 子曰："人之生也直，罔之生也幸
ér miǎn
而免。"

zǐ yuē zhī zhī zhě bù rú hào zhī zhě hào zhī zhě bù rú
6.20 子曰："知之者不如好之者，好之者不如
lè zhī zhě
乐之者。"

zǐ yuē zhōng rén yǐ shàng kě yǐ yù shàng yě zhōng rén yǐ
6.21 子曰："中人以上，可以语上也；中人以
xià bù kě yǐ yù shàng yě
下，不可以语上也。"

fán chí wèn zhì zǐ yuē wù mín zhī yì jìng guǐ shén ér
6.22 樊迟问知。子曰："务民之义，敬鬼神而
yuàn zhī kě wèi zhì yǐ
远之，可谓知矣。"

wèn rén yuē rén zhě xiān nán ér hòu huò kě wèi
问仁。曰："仁者先难而后获，可谓
rén yǐ
仁矣。"

zǐ yuē zhì zhě yào shuǐ rén zhě yào shān zhì zhě dòng
6.23 子曰："知者乐水，仁者乐山。知者动，
rén zhě jìng zhì zhě lè rén zhě shòu
仁者静。知者乐，仁者寿。"

zǐ yuē qí yí biàn zhì yú lǔ lǔ yí biàn zhì
6.24 子曰："齐一变，至于鲁；鲁一变，至
yú dào
于道。"

zǐ yuē gū bù gū gū zāi gū zāi
6.25 子曰："觚不觚，觚哉！觚哉！"

zǎi wǒ wèn yuē rén zhě suī gào zhī yuē jǐng yǒu rén
6.26 宰我问曰："仁者，虽告之曰'井有仁
yān qí cóng zhī yě zǐ yuē hé wéi qí rán yě jūn
焉。'其从之也？"子曰："何为其然也？君
zǐ kě shì yě bù kě xiàn yě kě qī yě bù kě wǎng yě
子可逝也，不可陷也；可欺也，不可罔也。"

zǐ yuē jūn zǐ bó xué yú wén yuē zhī yǐ lǐ yì kě
6.27 子曰："君子博学于文，约之以礼，亦可
yǐ fú pàn yǐ fú
以弗畔矣夫！"

zǐ jiàn nán zǐ　zǐ lù bú yuè　fū zǐ shì zhī yuē　yú
6.28 子见南子，子路不说。夫子矢之曰：“予
suǒ fǒu zhě　tiān yàn zhī　tiān yàn zhī
所否者，天厌之！天厌之！”

zǐ yuē　zhōng yōng zhī wéi dé yě　qí zhì yǐ hū　mín xiǎn
6.29 子曰：“中庸之为德也，其至矣乎！民鲜
jiǔ yǐ
久矣。”

zǐ gòng yuē　rú yǒu bó shī yú mín ér néng jì zhòng　hé
6.30 子贡曰：“如有博施于民而能济众，何
rú　kě wèi rén hū　zǐ yuē　hé shì yú rén　bì yě
如？可谓仁乎？”子曰：“何事于仁？必也
shèng hū　yáo shùn qí yóu bìng zhū　fú rén zhě　jǐ yù lì ér lì
圣乎！尧舜其犹病诸！夫仁者，己欲立而立
rén　jǐ yù dá ér dá rén　néng jìn qǔ pì　kě wèi rén zhī fāng
人，己欲达而达人。能近取譬，可谓仁之方
yě yǐ
也已。”

shù ér piān dì qī
述而篇第七

zǐ yuē　shù ér bú zuò　xìn ér hào gǔ　qiè bǐ yú wǒ
7.1 子曰：“述而不作，信而好古，窃比于我
lǎo péng
老彭。”

zǐ yuē　mò ér zhì zhī　xué ér bú yàn　huì rén bú juàn
7.2 子曰：“默而识之，学而不厌，诲人不倦，
hé yǒu yú wǒ zāi
何有于我哉？”

zǐ yuē　dé zhī bù xiū　xué zhī bù jiǎng　wén yì bù néng
7.3 子曰：“德之不修，学之不讲，闻义不能
xǐ　bú shàn bù néng gǎi　shì wú yōu yě
徙，不善不能改，是吾忧也。”

zǐ zhī yàn jū　shēn shēn rú yě　yāo yāo rú yě
7.4 子之燕居，申申如也，夭夭如也。

zǐ yuē shèn yǐ wú shuāi yě jiǔ yǐ wú bú fù mèng jiàn
7.5 子曰："甚矣吾衰也！久矣吾不复梦见
zhōu gōng
周公！"

zǐ yuē zhì yú dào jù yú dé yī yú rén yóu
7.6 子曰："志于道，据于德，依于仁，游
yú yì
于艺。"

zǐ yuē zì xíng shù xiū yǐ shàng wú wèi cháng wú huì yān
7.7 子曰："自行束脩以上，吾未尝无诲焉。"

zǐ yuē bú fèn bù qǐ bù fěi bù fā jǔ yī yú bù
7.8 子曰："不愤不启，不悱不发。举一隅不
yǐ sān yú fǎn zé bú fù yě
以三隅反，则不复也。"

zǐ shí yú yǒu sāng zhě zhī cè wèi cháng bǎo yě
7.9 子食于有丧者之侧，未尝饱也。

zǐ yú shì rì kū zé bù gē
7.10 子于是日哭，则不歌。

zǐ wèi yán yuān yuē yòng zhī zé xíng shè zhī zé cáng wéi
7.11 子谓颜渊曰："用之则行，舍之则藏，惟
wǒ yǔ ěr yǒu shì fú
我与尔有是夫！"

zǐ lù yuē zǐ xíng sān jūn zé shuí yǔ
子路曰："子行三军，则谁与？"

zǐ yuē bào hǔ píng hé sǐ ér wú huǐ zhě wú bù yǔ
子曰："暴虎冯河，死而无悔者，吾不与
yě bì yě lín shì ér jù hào móu ér chéng zhě yě
也。必也临事而惧，好谋而成者也。"

zǐ yuē fù ér kě qiú yě suī zhí biān zhī shì wú yì
7.12 子曰："富而可求也，虽执鞭之士，吾亦
wéi zhī rú bù kě qiú cóng wú suǒ hào
为之。如不可求，从吾所好。"

zǐ zhī suǒ shèn zhāi zhàn jí
7.13 子之所慎：齐，战，疾。

zǐ zài qí wén sháo sān yuè bù zhī ròu wèi yuē
7.14 子在齐闻《韶》，三月不知肉味，曰：
bù tú wéi yuè zhī zhì yú sī yě
“不图为乐之至于斯也。”

rǎn yǒu yuē fū zǐ wèi wèi jūn hū zǐ gòng yuē
7.15 冉有曰：“夫子为卫君乎？”子贡曰：
nuò wú jiāng wèn zhī
“诺，吾将问之。”

rù yuē bó yí shū qí hé rén yě yuē
入，曰：“伯夷、叔齐何人也？”曰：
gǔ zhī xián rén yě yuē yuàn hū yuē qiú rén
“古之贤人也。”曰：“怨乎？”曰：“求仁
ér dé rén yòu hé yuàn
而得仁，又何怨？”

chū yuē fū zǐ bú wéi yě
出，曰：“夫子不为也。”

zǐ yuē fàn shū shí yǐn shuǐ qǔ gōng ér zhěn zhī lè yì
7.16 子曰：“饭疏食饮水，曲肱而枕之，乐亦
zài qí zhōng yǐ bú yì ér fù qiě guì yú wǒ rú fú yún
在其中矣。不义而富且贵，于我如浮云。”

zǐ yuē jiā wǒ shù nián wǔ shí yǐ xué yì kě
7.17 子曰：“加我数年，五十以学《易》，可
yǐ wú dà guò yǐ
以无大过矣。”

zǐ suǒ yǎ yán shī shū zhí lǐ jiē yǎ
7.18 子所雅言，《诗》《书》，执礼，皆雅
yán yě
言也。

yè gōng wèn kǒng zǐ yú zǐ lù zǐ lù bú duì zǐ yuē
7.19 叶公问孔子于子路，子路不对。子曰：
rǔ xī bù yuē qí wéi rén yě fā fèn wàng shí lè yǐ wàng
“女奚不曰，其为人也，发愤忘食，乐以忘
yōu bù zhī lǎo zhī jiāng zhì yún ěr
忧，不知老之将至云尔。”

zǐ yuē wǒ fēi shēng ér zhī zhī zhě hào gǔ mǐn yǐ qiú
7.20 子曰：“我非生而知之者，好古，敏以求
zhī zhě yě
之者也。”

zǐ bù yǔ guài lì luàn shén
7.21 子不语怪、力、乱、神。

zǐ yuē sān rén xíng bì yǒu wǒ shī yān zé qí shàn zhě
7.22 子曰：“三人行，必有我师焉：择其善者
ér cóng zhī qí bú shàn zhě ér gǎi zhī
而从之，其不善者而改之。”

zǐ yuē tiānshēng dé yú yú huán tuí qí rú yú hé
7.23 子曰：“天生德于予，桓魋其如予何？”

zǐ yuē èr sān zǐ yǐ wǒ wéi yǐn hū wú wú yǐn hū
7.24 子曰：“二三子以我为隐乎？吾无隐乎
ěr wú wú xíng ér bù yǔ èr sān zǐ zhě shì qiū yě
尔。吾无行而不与二三子者，是丘也。”

zǐ yǐ sì jiào wén xíng zhōng xìn
7.25 子以四教：文、行、忠、信。

zǐ yuē shèngrén wú bù dé ér jiàn zhī yǐ dé jiàn jūn
7.26 子曰：“圣人，吾不得而见之矣；得见君
zǐ zhě sī kě yǐ
子者，斯可矣。”

zǐ yuē shàn rén wú bù dé ér jiàn zhī yǐ dé jiàn yǒu
子曰：“善人，吾不得而见之矣；得见有
héng zhě sī kě yǐ wú ér wéi yǒu xū ér wéi yíng yuē ér
恒者，斯可矣。亡而为有，虚而为盈，约而
wéi tài nán hū yǒu héng yǐ
为泰，难乎有恒矣。”

zǐ diào ér bù gāng yì bú shè sù
7.27 子钓而不纲，弋不射宿。

zǐ yuē gài yǒu bù zhī ér zuò zhī zhě wǒ wú shì yě
7.28 子曰：“盖有不知而作之者，我无是也。
duō wén zé qí shàn zhě ér cóng zhī duō jiàn ér zhì zhī zhī zhī
多闻，择其善者而从之；多见而识之；知之

cì yě
次也。”

hù xiāng nán yǔ yán tóng zǐ jiàn mén rén huò zǐ yuē
7.29 互乡难与言，童子见，门人惑。子曰：
yǔ qí jìn yě bù yǔ qí tuì yě wéi hé shèn rén jié jǐ yǐ
“与其进也，不与其退也，唯何甚？人洁己以
jìn yǔ qí jié yě bù bǎo qí wǎng yě
进，与其洁也，不保其往也。”

zǐ yuē rén yuǎn hū zāi wǒ yù rén sī rén
7.30 子曰：“仁远乎哉？我欲仁，斯仁
zhì yǐ
至矣。”

chén sī bài wèn zhāo gōng zhī lǐ hū kǒng zǐ yuē
7.31 陈司败问：“昭公知礼乎？”孔子曰：
zhī lǐ
“知礼。”

kǒng zǐ tuì yī wū mǎ qī ér jìn zhī yuē wú wén jūn
孔子退，揖巫马期而进之，曰：“吾闻君
zǐ bù dǎng jūn zǐ yì dǎng hū jūn qǔ yú wú wéi tóng xìng
子不党，君子亦党乎？君取于吴，为同姓，
wèi zhī wú mèng zǐ jūn ér zhī lǐ shú bù zhī lǐ
谓之吴孟子。君而知礼，孰不知礼？”

wū mǎ qī yǐ gào zǐ yuē qiū yě xìng gǒu yǒu guò
巫马期以告。子曰：“丘也幸，苟有过，
rén bì zhī zhī
人必知之。”

zǐ yǔ rén gē ér shàn bì shǐ fǎn zhī ér hòu hé zhī
7.32 子与人歌而善，必使反之，而后和之。

zǐ yuē wén mò wú yóu rén yě gōng xíng jūn zǐ zé
7.33 子曰：“文，莫吾犹人也。躬行君子，则
wú wèi zhī yǒu dé
吾未之有得。”

zǐ yuē ruò shèng yǔ rén zé wú qǐ gǎn yì wéi zhī bú
7.34 子曰：“若圣与仁，则吾岂敢？抑为之不
yàn huì rén bú juàn zé kě wèi yún ěr yǐ yǐ gōng xī huá
厌，诲人不倦，则可谓云尔已矣。”公西华

yuē zhèng wéi dì zǐ bù néng xué yě
曰："正唯弟子不能学也。"

zǐ jí bìng zǐ lù qǐng dǎo zǐ yuē yǒu zhū zǐ
7.35 子疾病，子路请祷。子曰："有诸？"子
lù duì yuē yǒu zhī lěi yuē dǎo ěr yú shàng xià shén
路对曰："有之；《诔》曰：'祷尔于上下神
qí zǐ yuē qiū zhī dǎo jiǔ yǐ
祇。'"子曰："丘之祷久矣。"

zǐ yuē shē zé bú xùn jiǎn zé gù yǔ qí bú xùn
7.36 子曰："奢则不孙，俭则固。与其不孙
yě nìng gù
也，宁固。"

zǐ yuē jūn zǐ tǎn dàng dàng xiǎo rén cháng qī qī
7.37 子曰："君子坦荡荡，小人长戚戚。"

zǐ wēn ér lì wēi ér bù měng gōng ér ān
7.38 子温而厉，威而不猛，恭而安。

tài bó piān dì bā
泰伯篇第八

zǐ yuē tài bó qí kě wèi zhì dé yě yǐ yǐ sān yǐ
8.1 子曰："泰伯，其可谓至德也已矣。三以
tiān xià ràng mín wú dé ér chēng yān
天下让，民无得而称焉。"

zǐ yuē gōng ér wú lǐ zé láo shèn ér wú lǐ zé xǐ
8.2 子曰："恭而无礼则劳，慎而无礼则葸，
yǒng ér wú lǐ zé luàn zhí ér wú lǐ zé jiǎo jūn zǐ dǔ yú qīn
勇而无礼则乱，直而无礼则绞。君子笃于亲，
zé mín xīng yú rén gù jiù bù yí zé mín bù tōu
则民兴于仁；故旧不遗，则民不偷。"

zēng zǐ yǒu jí zhào mén dì zǐ yuē qǐ yú zú qǐ yú
8.3 曾子有疾，召门弟子曰："启予足！启予

shǒu shī yún zhànzhàn jīng jīng rú lín shēn yuān rú lǚ
手！《诗》云：‘战战兢兢，如临深渊，如履
bó bīng ér jīn ér hòu wú zhī miǎn fú xiǎo zǐ
薄冰。’而今而后，吾知免夫！小子！”

zēng zǐ yǒu jí mèng jìng zǐ wèn zhī zēng zǐ yán yuē niǎo
8.4 曾子有疾，孟敬子问之。曾子言曰：“鸟
zhī jiāng sǐ qí míng yě āi rén zhī jiāng sǐ qí yán yě shàn
之将死，其鸣也哀；人之将死，其言也善。
jūn zǐ suǒ guì hū dào zhě sān dòng róng mào sī yuǎn bào màn yǐ
君子所贵乎道者三：动容貌，斯远暴慢矣；
zhèng yán sè sī jìn xìn yǐ chū cí qì sī yuǎn bǐ bèi yǐ
正颜色，斯近信矣；出辞气，斯远鄙倍矣。
biān dòu zhī shì zé yǒu sī cún
笾豆之事，则有司存。”

zēng zǐ yuē yǐ néng wèn yú bù néng yǐ duō wèn yú guǎ
8.5 曾子曰：“以能问于不能，以多问于寡；
yǒu ruò wú shí ruò xū fàn ér bú jiào xī zhě wú yǒu cháng
有若无，实若虚，犯而不校。昔者吾友尝
cóng shì yú sī yǐ
从事于斯矣。”

zēng zǐ yuē kě yǐ tuō liù chǐ zhī gū kě yǐ jì bǎi lǐ
8.6 曾子曰：“可以托六尺之孤，可以寄百里
zhī mìng lín dà jié ér bù kě duó yě jūn zǐ rén yú jūn zǐ
之命，临大节而不可夺也。君子人与？君子
rén yě
人也。”

zēng zǐ yuē shì bù kě yǐ bù hóng yì rèn zhòng ér dào yuǎn
8.7 曾子曰：“士不可以不弘毅，任重而道远。
rén yǐ wéi jǐ rèn bú yì zhòng hū sǐ ér hòu yǐ bú yì
仁以为己任，不亦重乎？死而后已，不亦
yuǎn hū
远乎？”

zǐ yuē xīng yú shī lì yú lǐ chéng yú yuè
8.8 子曰：“兴于《诗》，立于礼，成于乐。”

zǐ yuē mín kě shǐ yóu zhī bù kě shǐ zhī zhī
8.9 子曰：“民可使由之，不可使知之。”

zǐ yuē hào yǒng jí pín luàn yě rén ér bù rén jí
8.10 子曰："好勇疾贫，乱也。人而不仁，疾
zhī yǐ shèn luàn yě
之已甚，乱也。"

zǐ yuē rú yǒu zhōu gōng zhī cái zhī měi shǐ jiāo qiě lìn
8.11 子曰："如有周公之才之美，使骄且吝，
qí yú bù zú guān yě yǐ
其余不足观也已。"

zǐ yuē sān nián xué bú zhì yú gǔ bú yì
8.12 子曰："三年学，不至于谷，不易
dé yě
得也。"

zǐ yuē dǔ xìn hào xué shǒu sǐ shàn dào wēi bāng bú
8.13 子曰："笃信好学，守死善道。危邦不
rù luàn bāng bù jū tiān xià yǒu dào zé xiàn wú dào zé yǐn
入，乱邦不居。天下有道则见，无道则隐。
bāng yǒu dào pín qiě jiàn yān chǐ yě bāng wú dào fù qiě guì
邦有道，贫且贱焉，耻也；邦无道，富且贵
yān chǐ yě
焉，耻也。"

zǐ yuē bú zài qí wèi bù móu qí zhèng
8.14 子曰："不在其位，不谋其政。"

zǐ yuē shī zhì zhī shǐ guān jū zhī luàn yáng yáng
8.15 子曰："师挚之始，《关雎》之乱，洋洋
hū yíng ěr zāi
乎盈耳哉！"

zǐ yuē kuáng ér bù zhí tóng ér bú yuàn kōng kōng ér bú
8.16 子曰："狂而不直，侗而不愿，悾悾而不
xìn wú bù zhī zhī yǐ
信，吾不知之矣。"

zǐ yuē xué rú bù jí yóu kǒng shī zhī
8.17 子曰："学如不及，犹恐失之。"

zǐ yuē wēi wēi hū shùn yǔ zhī yǒu tiān xià yě ér bú
8.18 子曰："巍巍乎！舜、禹之有天下也而不
yù yān
与焉！"

zǐ yuē dà zāi yáo zhī wéi jūn yě wēi wēi hū
8.19 子曰："大哉尧之为君也！巍巍乎！
wéi tiān wéi dà wéi yáo zé zhī dàng dàng hū mín wú néng míng
唯天为大，唯尧则之。荡荡乎！民无能名
yān wēi wēi hū qí yǒu chéng gōng yě huàn hū qí yǒu wén zhāng
焉。巍巍乎其有成功也，焕乎其有文章！"

shùn yǒu chén wǔ rén ér tiān xià zhì wǔ wáng yuē yú yǒu luàn
8.20 舜有臣五人而天下治。武王曰："予有乱
chén shí rén kǒng zǐ yuē cái nán bù qí rán hū táng
臣十人。"孔子曰："才难，不其然乎？唐、
yú zhī jì yú sī wéi shèng yǒu fù rén yān jiǔ rén ér yǐ
虞之际，于斯为盛。有妇人焉，九人而已。
sān fēn tiān xià yǒu qí èr yǐ fú shì yīn zhōu zhī dé qí kě
三分天下有其二，以服事殷。周之德，其可
wèi zhì dé yě yǐ yǐ
谓至德也已矣。"

zǐ yuē yǔ wú wú jiàn rán yǐ fēi yǐn shí ér zhì xiào
8.21 子曰："禹，吾无间然矣。菲饮食而致孝
hū guǐ shén è yī fú ér zhì měi hū fú miǎn bēi gōng shì ér jìn
乎鬼神，恶衣服而致美乎黻冕，卑宫室而尽
lì hū gōu xù yǔ wú wú jiàn rán yǐ
力乎沟洫。禹，吾无间然矣。"

zǐ hǎn piān dì jiǔ
子罕篇第九

zǐ hǎn yán lì yǔ mìng yǔ rén
9.1 子罕言利与命与仁。

dá xiàng dǎng rén yuē dà zāi kǒng zǐ bó xué ér wú suǒ chéng
9.2 达巷党人曰："大哉孔子！博学而无所成
míng zǐ wén zhī wèi mén dì zǐ yuē wú hé zhí zhí yù
名。"子闻之，谓门弟子曰："吾何执？执御
hū zhí shè hū wú zhí yù yǐ
乎？执射乎？吾执御矣。"

zǐ yuē má miǎn lǐ yě jīn yě chún jiǎn wú cóng
9.3 子曰："麻冕，礼也；今也纯，俭，吾从

zhòng bài xià lǐ yě jīn bài hū shàng tài yě suī wéi zhòng
众。拜下，礼也；今拜乎上，泰也。虽违众，
wú cóng xià
吾从下。”

zǐ jué sì wú yì wú bì wú gù wú wǒ
9.4 子绝四——毋意，毋必，毋固，毋我。

zǐ wèi yú kuāng yuē wén wáng jì mò wén bú zài zī
9.5 子畏于匡。曰：“文王既没，文不在兹
hū tiān zhī jiāng sàng sī wén yě hòu sǐ zhě bù dé yù yú sī wén
乎？天之将丧斯文也，后死者不得与于斯文
yě tiān zhī wèi sàng sī wén yě kuāng rén qí rú yú hé
也；天之未丧斯文也，匡人其如予何？”

tài zǎi wèn yú zǐ gòng yuē fū zǐ shèng zhě yú hé qí
9.6 太宰问于子贡曰：“夫子圣者与？何其
duō néng yě zǐ gòng yuē gù tiān zòng zhī jiāng shèng yòu duō
多能也？”子贡曰：“固天纵之将圣，又多
néng yě
能也。”

zǐ wén zhī yuē tài zǎi zhī wǒ hū wú shào yě jiàn
子闻之，曰：“太宰知我乎！吾少也贱，
gù duō néng bǐ shì jūn zǐ duō hū zāi bù duō yě
故多能鄙事。君子多乎哉？不多也。”

láo yuē zǐ yún wú bù shì gù yì
9.7 牢曰：“子云，‘吾不试，故艺。’”

zǐ yuē wú yǒu zhī hū zāi wú zhī yě yǒu bǐ fū wèn
9.8 子曰：“吾有知乎哉？无知也。有鄙夫问
yú wǒ kōng kōng rú yě wǒ kòu qí liǎng duān ér jié yān
于我，空空如也。我叩其两端而竭焉。”

zǐ yuē fèng niǎo bú zhì hé bù chū tú wú yǐ
9.9 子曰：“凤鸟不至，河不出图，吾已
yǐ fú
矣夫！”

zǐ jiàn zī cuī zhě miǎn yī cháng zhě yǔ gǔ zhě jiàn zhī suī
9.10 子见齐衰者、冕衣裳者与瞽者，见之，虽
shào bì zuò guò zhī bì qū
少，必作，过之，必趋。

yán yuān kuì rán tàn yuē yǎng zhī mí gāo zuàn zhī mí jiān
9.11 颜渊喟然叹曰：“仰之弥高，钻之弥坚。
zhān zhī zài qián hū yān zài hòu fū zǐ xún xún rán shàn yòu rén
瞻之在前，忽焉在后。夫子循循然善诱人，
bó wǒ yǐ wén yuē wǒ yǐ lǐ yù bà bù néng jì jié wú cái
博我以文，约我以礼，欲罢不能。既竭吾才，
rú yǒu suǒ lì zhuó ěr suī yù cóng zhī mò yóu yě yǐ
如有所立卓尔。虽欲从之，末由也已。”

zǐ jí bìng zǐ lù shǐ mén rén wéi chén bìng jiàn yuē
9.12 子疾病，子路使门人为臣。病间，曰：
jiǔ yǐ zāi yóu zhī xíng zhà yě wú chén ér wéi yǒu chén wú shuí
“久矣哉，由之行诈也！无臣而为有臣。吾谁
qī qī tiān hū qiě yú yǔ qí sǐ yú chén zhī shǒu yě wú nìng
欺？欺天乎！且予与其死于臣之手也，无宁
sǐ yú èr sān zǐ zhī shǒu hū qiě yú zòng bù dé dà zàng yú sǐ
死于二三子之手乎！且予纵不得大葬，予死
yú dào lù hū
于道路乎？”

zǐ gòng yuē yǒu měi yù yú sī yùn dú ér cáng zhū qiú
9.13 子贡曰：“有美玉于斯，韫椟而藏诸？求
shàn gǔ ér gū zhū zǐ yuē gū zhī zāi gū zhī zāi wǒ
善贾而沽诸？”子曰：“沽之哉！沽之哉！我
dài gǔ zhě yě
待贾者也。”

zǐ yù jū jiǔ yí huò yuē lòu rú zhī hé zǐ
9.14 子欲居九夷。或曰：“陋，如之何？”子
yuē jūn zǐ jū zhī hé lòu zhī yǒu
曰：“君子居之，何陋之有？”

zǐ yuē wú zì wèi fǎn lǔ rán hòu yuè zhèng yǎ
9.15 子曰：“吾自卫反鲁，然后乐正，《雅》
sòng gè dé qí suǒ
《颂》各得其所。”

zǐ yuē chū zé shì gōng qīng rù zé shì fù xiōng sāng shì
9.16 子曰：“出则事公卿，入则事父兄，丧事
bù gǎn bù miǎn bù wéi jiǔ kùn hé yǒu yú wǒ zāi
不敢不勉，不为酒困，何有于我哉？”

zǐ zài chuān shàng yuē shì zhě rú sī fú bù shě
9.17 子在川上，曰：“逝者如斯夫！不舍
zhòu yè
昼夜。”

zǐ yuē wú wèi jiàn hào dé rú hào sè zhě yě
9.18 子曰：“吾未见好德如好色者也。”

zǐ yuē pì rú wéi shān wèi chéng yí kuì zhǐ wú zhǐ
9.19 子曰：“譬如为山，未成一篑，止，吾止
yě pì rú píng dì suī fù yí kuì jìn wú wǎng yě
也。譬如平地，虽覆一篑，进，吾往也。”

zǐ yuē yù zhī ér bú duò zhě qí huí yě yú
9.20 子曰：“语之而不惰者，其回也与！”

zǐ wèi yán yuān yuē xī hū wú jiàn qí jìn yě wèi
9.21 子谓颜渊，曰：“惜乎！吾见其进也，未
jiàn qí zhǐ yě
见其止也。”

zǐ yuē miáo ér bú xiù zhě yǒu yǐ fú xiù ér bù shí zhě
9.22 子曰：“苗而不秀者有矣夫！秀而不实者
yǒu yǐ fú
有矣夫！”

zǐ yuē hòu shēng kě wèi yān zhī lái zhě zhī bù rú
9.23 子曰：“后生可畏，焉知来者之不如
jīn yě sì shí wǔ shí ér wú wén yān sī yì bù zú wèi
今也？四十、五十而无闻焉，斯亦不足畏
yě yǐ
也已。”

zǐ yuē fǎ yù zhī yán néng wú cóng hū gǎi zhī wéi
9.24 子曰：“法语之言，能无从乎？改之为
guì xùn yǔ zhī yán néng wú yuè hū yì zhī wéi guì yuè ér
贵。巽与之言，能无说乎？绎之为贵。说而
bú yì cóng ér bù gǎi wú mò rú zhī hé yě yǐ yǐ
不绎，从而不改，吾末如之何也已矣。”

zǐ yuē zhǔ zhōng xìn wú yǒu bù rú jǐ zhě guò zé
9.25 子曰：“主忠信。毋友不如己者。过，则
wù dàn gǎi
勿惮改。”

zǐ yuē sān jūn kě duó shuài yě pǐ fū bù kě duó
9.26 子曰：“三军可夺帅也，匹夫不可夺
zhì yě
志也。”

zǐ yuē yì bì yùn páo yǔ yì hú mò zhě lì ér
9.27 子曰：“衣敝缊袍，与衣狐貉者立，而
bù chǐ zhě qí yóu yě yú bú zhì bù qiú hé yòng bù
不耻者，其由也与？‘不忮不求，何用不
zāng zǐ lù zhōng shēn sòng zhī zǐ yuē shì dào yě hé
臧？’”子路终身诵之。子曰：“是道也，何
zú yǐ zāng
足以臧？”

zǐ yuē suì hán rán hòu zhī sōng bǎi zhī hòu diāo yě
9.28 子曰：“岁寒，然后知松柏之后凋也。”

zǐ yuē zhì zhě bú huò rén zhě bù yōu yǒng zhě
9.29 子曰：“知者不惑，仁者不忧，勇者
bú jù
不惧。”

zǐ yuē kě yǔ gòng xué wèi kě yǔ shì dào kě yǔ shì
9.30 子曰：“可与共学，未可与适道；可与适
dào wèi kě yǔ lì kě yǔ lì wèi kě yǔ quán
道，未可与立；可与立，未可与权。”

táng dì zhī huā piān qí fàn ér qǐ bù ěr sī shì shì
9.31 “唐棣之华，偏其反而。岂不尔思？室是
yuǎn ér zǐ yuē wèi zhī sī yě fū hé yuǎn zhī yǒu
远而。”子曰：“未之思也，夫何远之有？”

xiāng dǎng piān dì shí
乡党篇第十

kǒng zǐ yú xiāng dǎng xún xún rú yě sì bù néng yán zhě qí
10.1 孔子于乡党，恂恂如也，似不能言者。其
zài zōng miào cháo tíng pián pián yán wéi jǐn ěr
在宗庙朝廷，便便言，唯谨尔。

cháo yǔ xià dà fū yán kǎn kǎn rú yě yǔ shàng dà fū
10.2 朝，与下大夫言，侃侃如也；与上大夫
yán yín yín rú yě jūn zài cù jí rú yě yǔ yǔ rú yě
言，訚訚如也。君在，踧踖如也，与与如也。

jūn zhào shǐ bīn sè bó rú yě zú jué rú yě yī suǒ yǔ
10.3 君召使摈，色勃如也，足躩如也。揖所与
lì zuǒ yòu shǒu yī qián hòu chān rú yě qū jìn yì rú
立，左右手，衣前后，襜如也。趋进，翼如
yě bīn tuì bì fù mìng yuē bīn bú gù yǐ
也。宾退，必复命曰："宾不顾矣。"

rù gōng mén jū gōng rú yě rú bù róng lì bù zhōng mén
10.4 入公门，鞠躬如也，如不容。立不中门，
xíng bù lǚ yù guò wèi sè bó rú yě zú jué rú yě qí
行不履阈。过位，色勃如也，足躩如也，其
yán sì bù zú zhě shè zī shēng táng jū gōng rú yě píng qì sì
言似不足者。摄齐升堂，鞠躬如也，屏气似
bù xī zhě chū jiàng yì děng chěng yán sè yí yí rú yě
不息者。出，降一等，逞颜色，怡怡如也。
mò jiē qū jìn yì rú yě fù qí wèi cù jí rú yě
没阶，趋进，翼如也。复其位，踧踖如也。

zhí guī jū gōng rú yě rú bú shēng shàng rú yī xià rú
10.5 执圭，鞠躬如也，如不胜。上如揖，下如
shòu bó rú zhàn sè zú sù sù rú yǒu xún
授。勃如战色，足蹜蹜如有循。

xiǎng lǐ yǒu róng sè sī dí yú yú rú yě
享礼，有容色。私觌，愉愉如也。

jūn zǐ bù yǐ gàn zōu shì hóng zǐ bù yǐ wéi xiè fú dāng
10.6 君子不以绀緅饰，红紫不以为亵服。当
shǔ zhěn chī xì bì biǎo ér chū zhī zī yī gāo qiú sù
暑，袗絺绤，必表而出之。缁衣，羔裘；素
yī ní qiú huáng yī hú qiú xiè qiú cháng duǎn yòu mèi
衣，麑裘；黄衣，狐裘。亵裘长，短右袂。
bì yǒu qǐn yī cháng yī shēn yòu bàn hú hé zhī hòu yǐ jū qù
必有寝衣，长一身有半。狐貉之厚以居。去
sàng wú suǒ bú pèi fēi wéi cháng bì shài zhī gāo qiú xuán guān
丧，无所不佩。非帷裳，必杀之。羔裘玄冠
bù yǐ diào jí yuè bì cháo fú ér cháo
不以吊。吉月，必朝服而朝。

zhāi bì yǒu míng yī bù zhāi bì biàn shí jū bì
10.7 齐，必有明衣，布。齐必变食，居必
qiān zuò
迁坐。

shí bú yàn jīng kuài bú yàn xì shí yì ér ài yú něi ér
10.8 食不厌精，脍不厌细。食饐而餲，鱼馁而
ròu bài bù shí sè è bù shí xiù è bù shí shī
肉败，不食。色恶，不食。臭恶，不食。失
rèn bù shí bù shí bù shí gē bú zhèng bù shí bù
饪，不食。不时，不食。割不正，不食。不
dé qí jiàng bù shí ròu suī duō bù shǐ shèng shí qì wéi jiǔ
得其酱，不食。肉虽多，不使胜食气。唯酒
wú liàng bù jí luàn gū jiǔ shì fǔ bù shí bú chè jiāng shí
无量，不及乱。沽酒市脯不食。不撤姜食，
bù duō shí
不多食。

jì yú gōng bú sù ròu jì ròu bù chū sān rì chū sān
10.9 祭于公，不宿肉。祭肉不出三日。出三
rì bù shí zhī yǐ
日，不食之矣。

shí bù yǔ qǐn bù yán
10.10 食不语，寝不言。

suī shū shí cài gēng guā jì bì zhāi rú yě
10.11 虽疏食菜羹，瓜祭，必齐如也。

xí bú zhèng bú zuò
10.12 席不正，不坐。

xiāng rén yǐn jiǔ zhàng zhě chū sī chū yǐ
10.13 乡人饮酒，杖者出，斯出矣。

xiāng rén nuó cháo fú ér lì yú zuò jiē
10.14 乡人傩，朝服而立于阼阶。

wèn rén yú tā bāng zài bài ér sòng zhī
10.15 问人于他邦，再拜而送之。

kāng zǐ kuì yào bài ér shòu zhī yuē qiū wèi dá bù gǎn cháng
10.16 康子馈药，拜而受之。曰：“丘未达，不敢尝。”

jiù fén zǐ tuì cháo yuē shāng rén hū bú wèn mǎ
10.17 厩焚。子退朝，曰：“伤人乎？”不问马。

jūn cì shí bì zhèng xí xiān cháng zhī jūn cì xīng bì shú ér jiàn zhī jūn cì shēng bì xù zhī
10.18 君赐食，必正席先尝之。君赐腥，必熟而荐之。君赐生，必畜之。

shì shí yú jūn jūn jì xiān fàn
侍食于君，君祭，先饭。

jí jūn shì zhī dōngshǒu jiā cháo fú tuō shēn
10.19 疾，君视之，东首，加朝服，拖绅。

jūn mìng zhào bú sì jià xíng yǐ
10.20 君命召，不俟驾行矣。

rù tài miào měi shì wèn
10.21 入太庙，每事问。

péng yǒu sǐ wú suǒ guī yuē yú wǒ bìn
10.22 朋友死，无所归，曰：“于我殡。”

péng yǒu zhī kuì suī chē mǎ fēi jì ròu bú bài
10.23 朋友之馈，虽车马，非祭肉，不拜。

qǐn bù shī jū bù kè
10.24 寝不尸，居不客。

jiàn zī cuī zhě suī xiá bì biàn jiàn miǎn zhě yǔ gǔ zhě
10.25 见齐衰者，虽狎，必变。见冕者与瞽者，
suī xiè bì yǐ mào
虽亵，必以貌。

xiōng fú zhě shì zhī shì fù bǎn zhě yǒu shèng zhuàn bì
凶服者式之。式负版者。有盛馔，必
biàn sè ér zuò xùn léi fēng liè bì biàn
变色而作。迅雷风烈，必变。

shēng chē bì zhèng lì zhí suí chē zhōng bú nèi gù
10.26 升车，必正立，执绥。车中，不内顾，
bù jí yán bù qīn zhǐ
不疾言，不亲指。

sè sī jǔ yǐ xiáng ér hòu jí yuē shān liáng
10.27 色斯举矣，翔而后集。曰："山梁
cí zhì shí zāi shí zāi zǐ lù gǒng zhī sān jù ér zuò
雌雉，时哉时哉！"子路共之，三嗅而作。

xiān jìn piān dì shí yī
先进篇第十一

zǐ yuē xiān jìn yú lǐ yuè yě rén yě hòu jìn yú lǐ
11.1 子曰："先进于礼乐，野人也；后进于礼
yuè jūn zǐ yě rú yòng zhī zé wú cóng xiān jìn
乐，君子也；如用之，则吾从先进。"

zǐ yuē cóng wǒ yú chén cài zhě jiē bù jí
11.2 子曰："从我于陈、蔡者，皆不及
mén yě
门也。"

dé xíng yán yuān mǐn zǐ qiān rǎn bó niú zhòng gōng
11.3 德行：颜渊，闵子骞，冉伯牛，仲弓。
yán yǔ zǎi wǒ zǐ gòng zhèng shì rǎn yǒu jì lù wén
言语：宰我，子贡。政事：冉有，季路。文
xué zǐ yóu zǐ xià
学：子游，子夏。

zǐ yuē huí yě fēi zhù wǒ zhě yě yú wú yán wú suǒ
11.4 子曰：“回也非助我者也，于吾言无所
bú yuè
不说。”

zǐ yuē xiào zāi mǐn zǐ qiān rén bú jiàn yú qí fù mǔ kūn
11.5 子曰：“孝哉闵子骞！人不间于其父母昆
dì zhī yán
弟之言。”

nán róng sān fù bái guī kǒng zǐ yǐ qí xiōng zhī zǐ qì zhī
11.6 南容三复白圭，孔子以其兄之子妻之。

jì kāng zǐ wèn dì zǐ shú wéi hào xué kǒng zǐ duì
11.7 季康子问：“弟子孰为好学？”孔子对
yuē yǒu yán huí zhě hào xué bú xìng duǎn mìng sǐ yǐ jīn yě
曰：“有颜回者好学，不幸短命死矣，今也
zé wú
则亡。”

yán yuān sǐ yán lù qǐng zǐ zhī chē yǐ wéi zhī guǒ zǐ yuē
11.8 颜渊死，颜路请子之车以为之椁。子曰：
cái bù cái yì gè yán qí zǐ yě lǐ yě sǐ yǒu guān ér wú
“才不才，亦各言其子也。鲤也死，有棺而无
guǒ wú bù tú xíng yǐ wéi zhī guǒ yǐ wú cóng dà fū zhī hòu
椁。吾不徒行以为之椁。以吾从大夫之后，
bù kě tú xíng yě
不可徒行也。”

yán yuān sǐ zǐ yuē yī tiān sàng yú tiān
11.9 颜渊死。子曰：“噫！天丧予！天
sàng yú
丧予！”

yán yuān sǐ zǐ kū zhī tòng cóng zhě yuē zǐ tòng
11.10 颜渊死，子哭之恸。从者曰：“子恸
yǐ yuē yǒu tòng hū fēi fú rén zhī wèi tòng ér
矣！”曰：“有恸乎？非夫人之为恸而
shuí wèi
谁为？”

yán yuān sǐ mén rén yù hòu zàng zhī zǐ yuē bù kě
11.11 颜渊死，门人欲厚葬之。子曰：“不可。”

mén rén hòu zàng zhī zǐ yuē huí yě shì yú yóu fù yě
门人厚葬之。子曰："回也视予犹父也，
yú bù dé shì yóu zǐ yě fēi wǒ yě fú èr sān zǐ yě
予不得视犹子也。非我也，夫二三子也。"

jì lù wèn shì guǐ shén zǐ yuē wèi néng shì rén yān néng
11.12 季路问事鬼神。子曰："未能事人，焉能
shì guǐ yuē gǎn wèn sǐ yuē wèi zhī shēng yān
事鬼？"曰："敢问死。"曰："未知生，焉
zhī sǐ
知死？"

mǐn zǐ shì cè yín yín rú yě zǐ lù hàng hàng rú yě
11.13 闵子侍侧，訚訚如也；子路，行行如也；
rǎn yǒu zǐ gòng kǎn kǎn rú yě zǐ lè ruò yóu yě bù
冉有、子贡，侃侃如也。子乐。"若由也，不
dé qí sǐ rán
得其死然。"

lǔ rén wéi zhǎng fǔ mǐn zǐ qiān yuē réng jiù guàn rú
11.14 鲁人为长府。闵子骞曰："仍旧贯，如
zhī hé hé bì gǎi zuò zǐ yuē fú rén bù yán yán bì
之何？何必改作？"子曰："夫人不言，言必
yǒu zhòng
有中。"

zǐ yuē yóu zhī sè xī wéi yú qiū zhī mén mén rén
11.15 子曰："由之瑟奚为于丘之门？"门人
bù jìng zǐ lù zǐ yuē yóu yě shēng táng yǐ wèi rù yú
不敬子路。子曰："由也升堂矣，未入于
shì yě
室也。"

zǐ gòng wèn shī yǔ shāng yě shú xián zǐ yuē shī
11.16 子贡问："师与商也孰贤？"子曰："师
yě guò shāng yě bù jí
也过，商也不及。"

yuē rán zé shī yù yú zǐ yuē guò yóu
曰："然则师愈与？"子曰："过犹
bù jí
不及。"

jì shì fù yú zhōu gōng ér qiú yě wèi zhī jù liǎn ér fù
11.17 季氏富于周公，而求也为之聚敛而附
yì zhī zǐ yuē fēi wú tú yě xiǎo zǐ míng gǔ ér gōng zhī
益之。子曰："非吾徒也。小子鸣鼓而攻之，
kě yě
可也。"

chái yě yú shēn yě lǔ shī yě pì yóu yě yàn
11.18 柴也愚，参也鲁，师也辟，由也喭。

zǐ yuē huí yě qí shù hū lǚ kōng cì bú shòu mìng
11.19 子曰："回也其庶乎，屡空。赐不受命，
ér huò zhí yān yì zé lǚ zhòng
而货殖焉，亿则屡中。"

zǐ zhāng wèn shàn rén zhī dào zǐ yuē bú jiàn jì yì
11.20 子张问善人之道。子曰："不践迹，亦
bú rù yú shì
不入于室。"

zǐ yuē lùn dǔ shì yǔ jūn zǐ zhě hū sè zhuāng
11.21 子曰："论笃是与，君子者乎？色庄
zhě hū
者乎？"

zǐ lù wèn wén sī xíng zhū zǐ yuē yǒu fù xiōng
11.22 子路问："闻斯行诸？"子曰："有父兄
zài rú zhī hé qí wén sī xíng zhī
在，如之何其闻斯行之？"

rǎn yǒu wèn wén sī xíng zhū zǐ yuē wén sī
冉有问："闻斯行诸？"子曰："闻斯
xíng zhī
行之。"

gōng xī huá yuē yóu yě wèn wén sī xíng zhū zǐ yuē
公西华曰："由也问闻斯行诸，子曰
yǒu fù xiōng zài qiú yě wèn wén sī xíng zhū zǐ yuē wén
'有父兄在'；求也问闻斯行诸，子曰'闻
sī xíng zhī chì yě huò gǎn wèn zǐ yuē qiú yě
斯行之'。赤也惑，敢问。"子曰："求也
tuì gù jìn zhī yóu yě jiān rén gù tuì zhī
退，故进之；由也兼人，故退之。"

zǐ wèi yú kuāng yán yuān hòu zǐ yuē wú yǐ rǔ wéi sǐ
11.23 子畏于匡，颜渊后。子曰：“吾以女为死
yǐ yuē zǐ zài huí hé gǎn sǐ
矣。”曰：“子在，回何敢死？”

jì zǐ rán wèn zhòng yóu rǎn qiú kě wèi dà chén yú
11.24 季子然问：“仲由、冉求可谓大臣与？”
zǐ yuē wú yǐ zǐ wéi yì zhī wèn zēng yóu yǔ qiú zhī wèn suǒ
子曰：“吾以子为异之问，曾由与求之问。所
wèi dà chén zhě yǐ dào shì jūn bù kě zé zhǐ jīn yóu yǔ qiú
谓大臣者，以道事君，不可则止。今由与求
yě kě wèi jù chén yǐ
也，可谓具臣矣。”

yuē rán zé cóng zhī zhě yú zǐ yuē shì fù yǔ
曰：“然则从之者与？”子曰：“弑父与
jūn yì bù cóng yě
君，亦不从也。”

zǐ lù shǐ zǐ gāo wéi bì zǎi zǐ yuē zéi fú rén zhī
11.25 子路使子羔为费宰。子曰：“贼夫人之
zǐ zǐ lù yuē yǒu mín rén yān yǒu shè jì yān hé
子。”子路曰：“有民人焉，有社稷焉，何
bì dú shū rán hòu wéi xué zǐ yuē shì gù wù fú
必读书，然后为学？”子曰：“是故恶夫
nìng zhě
佞者。”

zǐ lù zēng xī rǎn yǒu gōng xī huá shì zuò zǐ yuē
11.26 子路、曾皙、冉有、公西华侍坐。子曰：
yǐ wú yí rì zhǎng hū ěr wú wú yǐ yě jū zé yuē bù
“以吾一日长乎尔，毋吾以也。居则曰：‘不
wú zhī yě rú huò zhī ěr zé hé yǐ zāi
吾知也！’如或知尔，则何以哉？”

zǐ lù shuài ěr ér duì yuē qiān shèng zhī guó shè hū dà
子路率尔而对曰：“千乘之国，摄乎大
guó zhī jiān jiā zhī yǐ shī lǚ yīn zhī yǐ jī jǐn yóu yě wéi
国之间，加之以师旅，因之以饥馑，由也为
zhī bǐ jí sān nián kě shǐ yǒu yǒng qiě zhī fāng yě
之，比及三年，可使有勇，且知方也。”

fū zǐ shěn zhī qiú ěr hé rú duì yuē fāng
夫子哂之。“求！尔何如？”对曰：“方
liù qī shí rú wǔ liù shí qiú yě wéi zhī bǐ jí sān nián
六七十，如五六十，求也为之，比及三年，
kě shǐ zú mín rú qí lǐ yuè yǐ sì jūn zǐ
可使足民。如其礼乐，以俟君子。”

chì ěr hé rú duì yuē fēi yuē néng zhī yuàn
“赤！尔何如？”对曰：“非曰能之，愿
xué yān zōng miào zhī shì rú huì tóng duān zhāng fǔ yuàn wéi xiǎo
学焉。宗庙之事，如会同，端章甫，愿为小
xiàng yān
相焉。”

diǎn ěr hé rú gǔ sè xī kēng ěr shè sè ér
“点！尔何如？”鼓瑟希，铿尔，舍瑟而
zuò duì yuē yì hū sān zǐ zhě zhī zhuàn zǐ yuē hé
作，对曰：“异乎三子者之撰。”子曰：“何
shāng hū yì gè yán qí zhì yě yuē mù chūn zhě chūn fú
伤乎？亦各言其志也。”曰：“莫春者，春服
jì chéng guàn zhě wǔ liù rén tóng zǐ liù qī rén yù hū yí
既成，冠者五六人，童子六七人，浴乎沂，
fēng hū wǔ yú yǒng ér guī
风乎舞雩，咏而归。”

fū zǐ kuì rán tàn yuē wú yǔ diǎn yě
夫子喟然叹曰：“吾与点也！”

sān zǐ zhě chū zēng xī hòu zēng xī yuē fú sān zǐ
三子者出，曾晳后。曾晳曰：“夫三子
zhě zhī yán hé rú zǐ yuē yì gè yán qí zhì yě yǐ
者之言何如？”子曰：“亦各言其志也已
yǐ yuē fū zǐ hé shěn yóu yě yuē wéi guó yǐ
矣。”曰：“夫子何哂由也？”曰：“为国以
lǐ qí yán bú ràng shì gù shěn zhī wéi qiú zé fēi bāng
礼，其言不让，是故哂之。”“唯求则非邦
yě yú ān jiàn fāng liù qī shí rú wǔ liù shí ér fēi bāng yě
也与？”“安见方六七十如五六十而非邦也
zhě wéi chì zé fēi bāng yě yú zōng miào huì tóng fēi
者？”“唯赤则非邦也与？”“宗庙会同，非
zhū hóu ér hé chì yě wéi zhī xiǎo shú néng wéi zhī dà
诸侯而何？赤也为之小，孰能为之大？”

yán yuān piān dì shí èr
颜渊篇第十二

yán yuān wèn rén zǐ yuē kè jǐ fù lǐ wéi rén yí rì
12.1 颜渊问仁。子曰："克己复礼为仁。一日
kè jǐ fù lǐ tiān xià guī rén yān wéi rén yóu jǐ ér yóu rén
克己复礼，天下归仁焉。为仁由己，而由人
hū zāi
乎哉？"

yán yuān yuē qǐng wèn qí mù zǐ yuē fēi lǐ wù
颜渊曰："请问其目。"子曰："非礼勿
shì fēi lǐ wù tīng fēi lǐ wù yán fēi lǐ wù dòng
视，非礼勿听，非礼勿言，非礼勿动。"

yán yuān yuē huí suī bù mǐn qǐng shì sī yǔ yǐ
颜渊曰："回虽不敏，请事斯语矣。"

zhòng gōng wèn rén zǐ yuē chū mén rú jiàn dà bīn shǐ mín
12.2 仲弓问仁。子曰："出门如见大宾，使民
rú chéng dà jì jǐ suǒ bú yù wù shī yú rén zài bāng wú yuàn
如承大祭。己所不欲，勿施于人。在邦无怨，
zài jiā wú yuàn
在家无怨。"

zhòng gōng yuē yōng suī bù mǐn qǐng shì sī yǔ yǐ
仲弓曰："雍虽不敏，请事斯语矣。"

sī mǎ niú wèn rén zǐ yuē rén zhě qí yán yě
12.3 司马牛问仁。子曰："仁者，其言也
rèn yuē qí yán yě rèn sī wèi zhī rén yǐ hū zǐ
讱。"曰："其言也讱，斯谓之仁已乎？"子
yuē wéi zhī nán yán zhī dé wú rèn hū
曰："为之难，言之得无讱乎？"

sī mǎ niú wèn jūn zǐ zǐ yuē jūn zǐ bù yōu bú
12.4 司马牛问君子。子曰："君子不忧不
jù yuē bù yōu bú jù sī wèi zhī jūn zǐ yǐ hū
惧。"曰："不忧不惧，斯谓之君子已乎？"

zǐ yuē nèi xǐng bú jiù fú hé yōu hé jù
子曰："内省不疚，夫何忧何惧？"

sī mǎ niú yōu yuē rén jiē yǒu xiōng dì wǒ dú wú
12.5 司马牛忧曰："人皆有兄弟，我独亡。"
zǐ xià yuē shāng wén zhī yǐ sǐ shēng yǒu mìng fù guì zài
子夏曰："商闻之矣：死生有命，富贵在
tiān jūn zǐ jìng ér wú shī yǔ rén gōng ér yǒu lǐ sì hǎi zhī
天。君子敬而无失，与人恭而有礼。四海之
nèi jiē xiōng dì yě jūn zǐ hé huàn hū wú xiōng dì yě
内，皆兄弟也。君子何患乎无兄弟也？"

zǐ zhāng wèn míng zǐ yuē jìn rùn zhī zèn fū shòu zhī
12.6 子张问明。子曰："浸润之谮，肤受之
sù bù xíng yān kě wèi míng yě yǐ yǐ jìn rùn zhī zèn fū
愬，不行焉，可谓明也已矣。浸润之谮，肤
shòu zhī sù bù xíng yān kě wèi yuǎn yě yǐ yǐ
受之愬，不行焉，可谓远也已矣。"

zǐ gòng wèn zhèng zǐ yuē zú shí zú bīng mín xìn zhī
12.7 子贡问政。子曰："足食，足兵，民信之
yǐ zǐ gòng yuē bì bù dé yǐ ér qù yú sī sān zhě hé
矣。"子贡曰："必不得已而去，于斯三者何
xiān yuē qù bīng
先？"曰："去兵。"

zǐ gòng yuē bì bù dé yǐ ér qù yú sī èr zhě hé
子贡曰："必不得已而去，于斯二者何
xiān yuē qù shí zì gǔ jiē yǒu sǐ mín wú xìn
先？"曰："去食。自古皆有死，民无信
bú lì
不立。"

jí zǐ chéng yuē jūn zǐ zhì ér yǐ yǐ hé yǐ wén
12.8 棘子成曰："君子质而已矣，何以文
wéi zǐ gòng yuē xī hū fū zǐ zhī shuō jūn zǐ yě sì
为？"子贡曰："惜乎，夫子之说君子也！驷
bù jí shé wén yóu zhì yě zhì yóu wén yě hǔ bào zhī kuò yóu
不及舌。文犹质也，质犹文也。虎豹之鞟犹
quǎn yáng zhī kuò
犬羊之鞟。"

āi gōng wèn yú yǒu ruò yuē nián jī yòng bù zú rú
12.9 哀公问于有若曰："年饥，用不足，如
zhī hé
之何？"

yǒu ruò duì yuē hé chè hū yuē èr wú yóu
有若对曰："盍彻乎？"曰："二，吾犹
bù zú rú zhī hé qí chè yě
不足，如之何其彻也？"

duì yuē bǎi xìng zú jūn shú yǔ bù zú bǎi xìng bù
对曰："百姓足，君孰与不足？百姓不
zú jūn shú yǔ zú
足，君孰与足？"

zǐ zhāng wèn chóng dé biàn huò zǐ yuē zhǔ zhōng xìn xǐ
12.10 子张问崇德辨惑。子曰："主忠信，徙
yì chóng dé yě ài zhī yù qí shēng wù zhī yù qí sǐ jì
义，崇德也。爱之欲其生，恶之欲其死。既
yù qí shēng yòu yù qí sǐ shì huò yě chéng bù yǐ fù yì
欲其生，又欲其死，是惑也。'诚不以富，亦
zhǐ yǐ yì
祇以异。'"

qí jǐng gōng wèn zhèng yú kǒng zǐ kǒng zǐ duì yuē jūn jūn
12.11 齐景公问政于孔子。孔子对曰："君君，
chén chén fù fù zǐ zǐ gōng yuē shàn zāi xìn rú jūn
臣臣，父父，子子。"公曰："善哉！信如君
bù jūn chén bù chén fù bú fù zǐ bù zǐ suī yǒu sù
不君，臣不臣，父不父，子不子，虽有粟，
wú dé ér shí zhū
吾得而食诸？"

zǐ yuē piàn yán kě yǐ zhé yù zhě qí yóu
12.12 子曰："片言可以折狱者，其由
yě yú
也与？"

zǐ lù wú sù nuò
子路无宿诺。

zǐ yuē tīng sòng wú yóu rén yě bì yě shǐ wú sòng hū
12.13 子曰："听讼，吾犹人也。必也使无讼乎！"

zǐ zhāng wèn zhèng zǐ yuē jū zhī wú juàn xíng zhī
12.14 子张问政。子曰：“居之无倦，行之
yǐ zhōng
以忠。”

zǐ yuē bó xué yú wén yuē zhī yǐ lǐ yì kě yǐ fú
12.15 子曰：“博学于文，约之以礼，亦可以弗
pàn yǐ fú
畔矣夫！”

zǐ yuē jūn zǐ chéng rén zhī měi bù chéng rén zhī è xiǎo
12.16 子曰：“君子成人之美，不成人之恶。小
rén fǎn shì
人反是。”

jì kāng zǐ wèn zhèng yú kǒng zǐ kǒng zǐ duì yuē zhèng zhě
12.17 季康子问政于孔子。孔子对曰：“政者，
zhèng yě zǐ shuài yǐ zhèng shú gǎn bú zhèng
正也。子帅以正，孰敢不正？”

jì kāng zǐ huàn dào wèn yú kǒng zǐ kǒng zǐ duì yuē gǒu
12.18 季康子患盗，问于孔子。孔子对曰：“苟
zǐ zhī bú yù suī shǎng zhī bú qiè
子之不欲，虽赏之不窃。”

jì kāng zǐ wèn zhèng yú kǒng zǐ yuē rú shā wú dào yǐ
12.19 季康子问政于孔子曰：“如杀无道，以
jiù yǒu dào hé rú kǒng zǐ duì yuē zǐ wéi zhèng yān
就有道，何如？”孔子对曰：“子为政，焉
yòng shā zǐ yù shàn ér mín shàn yǐ jūn zǐ zhī dé fēng xiǎo rén
用杀？子欲善而民善矣。君子之德风，小人
zhī dé cǎo cǎo shàng zhī fēng bì yǎn
之德草。草上之风，必偃。”

zǐ zhāng wèn shì hé rú sī kě wèi zhī dá yǐ zǐ
12.20 子张问：“士何如斯可谓之达矣？”子
yuē hé zāi ěr suǒ wèi dá zhě zǐ zhāng duì yuē zài
曰：“何哉，尔所谓达者？”子张对曰：“在
bāng bì wén zài jiā bì wén zǐ yuē shì wén yě fēi dá
邦必闻，在家必闻。”子曰：“是闻也，非达
yě fú dá yě zhě zhì zhí ér hào yì chá yán ér guān sè
也。夫达也者，质直而好义，察言而观色，

lǜ yǐ xià rén zài bāng bì dá zài jiā bì dá fú wén yě zhě
虑以下人。在邦必达，在家必达。夫闻也者，
sè qǔ rén ér xíng wéi jū zhī bù yí zài bāng bì wén zài jiā
色取仁而行违，居之不疑。在邦必闻，在家
bì wén
必闻。”

fán chí cóng yóu yú wǔ yú zhī xià yuē gǎn wèn chóng
12.21 樊迟从游于舞雩之下，曰：“敢问崇
dé xiū tè biàn huò zǐ yuē shàn zāi wèn xiān shì
德，修慝，辨惑。”子曰：“善哉问！先事
hòu dé fēi chóng dé yú gōng qí è wú gōng rén zhī è fēi
后得，非崇德与？攻其恶，无攻人之恶，非
xiū tè yú yì zhāo zhī fèn wàng qí shēn yǐ jí qí qīn fēi
修慝与？一朝之忿，忘其身，以及其亲，非
huò yú
惑与？”

fán chí wèn rén zǐ yuē ài rén wèn zhì zǐ
12.22 樊迟问仁。子曰：“爱人。”问知。子
yuē zhī rén
曰：“知人。”

fán chí wèi dá zǐ yuē jǔ zhí cuò zhū wǎng néng shǐ
樊迟未达。子曰：“举直错诸枉，能使
wǎng zhě zhí
枉者直。”

fán chí tuì jiàn zǐ xià yuē xiāng yě wú jiàn yú fū zǐ ér
樊迟退，见子夏曰：“乡也吾见于夫子而
wèn zhì zǐ yuē jǔ zhí cuò zhū wǎng néng shǐ wǎng zhě zhí
问知，子曰，‘举直错诸枉，能使枉者直。’
hé wèi yě
何谓也？”

zǐ xià yuē fù zāi yán hū shùn yǒu tiān xià xuǎn yú
子夏曰：“富哉言乎！舜有天下，选于
zhòng jǔ gāo yáo bù rén zhě yuǎn yǐ tāng yǒu tiān xià xuǎn yú
众，举皋陶，不仁者远矣。汤有天下，选于
zhòng jǔ yī yǐn bù rén zhě yuǎn yǐ
众，举伊尹，不仁者远矣。”

zǐ gòng wèn yǒu zǐ yuē zhōng gào ér shàn dǎo zhī bù kě
12.23 子贡问友。子曰：“忠告而善道之，不可
zé zhǐ wú zì rǔ yān
则止，毋自辱焉。”

zēng zǐ yuē jūn zǐ yǐ wén huì yǒu yǐ yǒu fǔ rén
12.24 曾子曰：“君子以文会友，以友辅仁。”

zǐ lù piān dì shí sān
子路篇第十三

zǐ lù wèn zhèng zǐ yuē xiān zhī láo zhī qǐng yì
13.1 子路问政。子曰：“先之劳之。”请益。
yuē wú juàn
曰：“无倦。”

zhòng gōng wéi jì shì zǎi wèn zhèng zǐ yuē xiān yǒu sī
13.2 仲弓为季氏宰，问政。子曰：“先有司，
shè xiǎo guò jǔ xián cái
赦小过，举贤才。”

yuē yān zhī xián cái ér jǔ zhī zǐ yuē jǔ ěr
曰：“焉知贤才而举之？”子曰：“举尔
suǒ zhī ěr suǒ bù zhī rén qí shè zhū
所知；尔所不知，人其舍诸？”

zǐ lù yuē wèi jūn dài zǐ ér wéi zhèng zǐ jiāng
13.3 子路曰：“卫君待子而为政，子将
xī xiān
奚先？”

zǐ yuē bì yě zhèng míng hū
子曰：“必也正名乎？”

zǐ lù yuē yǒu shì zāi zǐ zhī yū yě xī qí zhèng
子路曰：“有是哉，子之迂也！奚其正？”

zǐ yuē yě zāi yóu yě jūn zǐ yú qí suǒ bù zhī
子曰：“野哉，由也！君子于其所不知，
gài quē rú yě míng bú zhèng zé yán bú shùn yán bú shùn zé
盖阙如也。名不正，则言不顺；言不顺，则

shì bù chéng shì bù chéng zé lǐ yuè bù xīng lǐ yuè bù xīng
事不成；事不成，则礼乐不兴；礼乐不兴，
zé xíng fá bú zhòng xíng fá bú zhòng zé mín wú suǒ cuò shǒu zú
则刑罚不中；刑罚不中，则民无所错手足。
gù jūn zǐ míng zhī bì kě yán yě yán zhī bì kě xíng yě jūn zǐ
故君子名之必可言也，言之必可行也。君子
yú qí yán wú suǒ gǒu ér yǐ yǐ
于其言，无所苟而已矣。”

fán chí qǐng xué jià zǐ yuē wú bù rú lǎo nóng qǐng
13.4 樊迟请学稼。子曰：“吾不如老农。”请
xué wéi pǔ yuē wú bù rú lǎo pǔ
学为圃。曰：“吾不如老圃。”

fán chí chū zǐ yuē xiǎo rén zāi fán xū yě shàng
樊迟出。子曰：“小人哉，樊须也！上
hào lǐ zé mín mò gǎn bú jìng shàng hào yì zé mín mò gǎn bù
好礼，则民莫敢不敬；上好义，则民莫敢不
fú shàng hào xìn zé mín mò gǎn bú yòng qíng fú rú shì zé
服；上好信，则民莫敢不用情。夫如是，则
sì fāng zhī mín qiǎng fù qí zǐ ér zhì yǐ yān yòng jià
四方之民襁负其子而至矣，焉用稼？”

zǐ yuē sòng shī sān bǎi shòu zhī yǐ zhèng bù
13.5 子曰：“诵《诗》三百，授之以政，不
dá shǐ yú sì fāng bù néng zhuān duì suī duō yì xī
达；使于四方，不能专对；虽多，亦奚
yǐ wéi
以为？”

zǐ yuē qí shēn zhèng bú lìng ér xíng qí shēn bú zhèng
13.6 子曰：“其身正，不令而行；其身不正，
suī lìng bù cóng
虽令不从。”

zǐ yuē lǔ wèi zhī zhèng xiōng dì yě
13.7 子曰：“鲁卫之政，兄弟也。”

zǐ wèi wèi gōng zǐ jīng shàn jū shì shǐ yǒu yuē
13.8 子谓卫公子荆，“善居室，始有，曰：
gǒu hé yǐ shǎo yǒu yuē gǒu wán yǐ fù yǒu
‘苟合矣。’少有，曰：‘苟完矣。’富有，

yuē　gǒu měi yǐ
曰：‘苟美矣。’”

zǐ shì wèi　rǎn yǒu pú　zǐ yuē　shù yǐ zāi
13.9 子适卫，冉有仆。子曰：“庶矣哉！”

rǎn yǒu yuē　jì shù yǐ　yòu hé jiā yān　yuē
冉有曰：“既庶矣，又何加焉？”曰：
fù zhī
“富之。”

yuē　jì fù yǐ　yòu hé jiā yān　yuē
曰：“既富矣，又何加焉？”曰：
jiào zhī
“教之。”

zǐ yuē　gǒu yǒu yòng wǒ zhě　jī yuè ér yǐ kě yě　sān
13.10 子曰：“苟有用我者，期月而已可也，三
nián yǒu chéng
年有成。”

zǐ yuē　shàn rén wéi bāng bǎi nián　yì kě yǐ shèng cán
13.11 子曰：“‘善人为邦百年，亦可以胜残
qù shā yǐ　chéng zāi shì yán yě
去杀矣。’诚哉是言也！”

zǐ yuē　rú yǒu wàng zhě　bì shì ér hòu rén
13.12 子曰：“如有王者，必世而后仁。”

zǐ yuē　gǒu zhèng qí shēn yǐ　yú cóng zhèng hū hé yǒu
13.13 子曰：“苟正其身矣，于从政乎何有？
bù néng zhèng qí shēn　rú zhèng rén hé
不能正其身，如正人何？”

rǎn zǐ tuì cháo　zǐ yuē　hé yàn yě　duì yuē
13.14 冉子退朝。子曰：“何晏也？”对曰：
yǒu zhèng　zǐ yuē　qí shì yě　rú yǒu zhèng　suī bù wú
“有政。”子曰：“其事也。如有政，虽不吾
yǐ　wú qí yù wén zhī
以，吾其与闻之。”

dìng gōng wèn　yì yán ér kě yǐ xīng bāng　yǒu zhū
13.15 定公问：“一言而可以兴邦，有诸？”

kǒng zǐ duì yuē yán bù kě yǐ ruò shì qí jī yě rén zhī
孔子对曰：“言不可以若是其几也。人之
yán yuē wéi jūn nán wéi chén bú yì rú zhī wéi jūn zhī nán
言曰：‘为君难，为臣不易。’如知为君之难
yě bù jī hū yì yán ér xīng bāng hū
也，不几乎一言而兴邦乎？”

yuē yì yán ér sàng bāng yǒu zhū
曰：“一言而丧邦，有诸？”

kǒng zǐ duì yuē yán bù kě yǐ ruò shì qí jī yě rén
孔子对曰：“言不可以若是其几也。人
zhī yán yuē yú wú lè hū wéi jūn wéi qí yán ér mò yú wéi
之言曰：‘予无乐乎为君，唯其言而莫予违
yě rú qí shàn ér mò zhī wéi yě bú yì shàn hū rú bú shàn
也。’如其善而莫之违也，不亦善乎？如不善
ér mò zhī wéi yě bù jī hū yì yán ér sàng bāng hū
而莫之违也，不几乎一言而丧邦乎？”

yè gōng wèn zhèng zǐ yuē jìn zhě yuè yuǎn zhě lái
13.16 叶公问政。子曰：“近者说，远者来。”

zǐ xià wéi jǔ fù zǎi wèn zhèng zǐ yuē wú yù sù
13.17 子夏为莒父宰，问政。子曰：“无欲速，
wú jiàn xiǎo lì yù sù zé bù dá jiàn xiǎo lì zé dà shì
无见小利。欲速，则不达；见小利，则大事
bù chéng
不成。”

yè gōng yù kǒng zǐ yuē wú dǎng yǒu zhí gōng zhě qí
13.18 叶公语孔子曰：“吾党有直躬者，其
fù rǎng yáng ér zǐ zhèng zhī kǒng zǐ yuē wú dǎng zhī zhí
父攘羊，而子证之。”孔子曰：“吾党之直
zhě yì yú shì fù wèi zǐ yǐn zǐ wèi fù yǐn zhí zài qí
者异于是：父为子隐，子为父隐。直在其
zhōng yǐ
中矣。”

fán chí wèn rén zǐ yuē jū chǔ gōng zhí shì jìng yǔ
13.19 樊迟问仁。子曰：“居处恭，执事敬，与
rén zhōng suī zhī yí dí bù kě qì yě
人忠。虽之夷狄，不可弃也。”

zǐ gòng wèn yuē hé rú sī kě wèi zhī shì yǐ zǐ
13.20 子贡问曰："何如斯可谓之士矣？"子
yuē xíng jǐ yǒu chǐ shǐ yú sì fāng bù rǔ jūn mìng kě wèi
曰："行己有耻，使于四方，不辱君命，可谓
shì yǐ
士矣。"

yuē gǎn wèn qí cì yuē zōng zú chēng xiào yān
曰："敢问其次。"曰："宗族称孝焉，
xiāng dǎng chēng tì yān
乡党称弟焉。"

yuē gǎn wèn qí cì yuē yán bì xìn xíng bì
曰："敢问其次。"曰："言必信，行必
guǒ kēng kēng rán xiǎo rén zāi yì yì kě yǐ wéi cì yǐ
果，硁硁然小人哉！抑亦可以为次矣。"

yuē jīn zhī cóng zhèng zhě hé rú zǐ yuē yī
曰："今之从政者何如？"子曰："噫！
dǒu shāo zhī rén hé zú suàn yě
斗筲之人，何足算也？"

zǐ yuē bù dé zhōng xíng ér yǔ zhī bì yě kuáng juàn
13.21 子曰："不得中行而与之，必也狂狷
hū kuáng zhě jìn qǔ juàn zhě yǒu suǒ bù wéi yě
乎！狂者进取，狷者有所不为也。"

zǐ yuē nán rén yǒu yán yuē rén ér wú héng bù kě
13.22 子曰："南人有言曰：'人而无恒，不可
yǐ zuò wū yī shàn fú
以作巫医。'善夫！"

bù héng qí dé huò chéng zhī xiū zǐ yuē bù zhān
"不恒其德，或承之羞。"子曰："不占
ér yǐ yǐ
而已矣。"

zǐ yuē jūn zǐ hé ér bù tóng xiǎo rén tóng ér
13.23 子曰："君子和而不同，小人同而
bù hé
不和。"

zǐ gòng wèn yuē xiāng rén jiē hào zhī hé rú zǐ
13.24 子贡问曰："乡人皆好之，何如？"子

yuē wèi kě yě xiāng rén jiē wù zhī hé rú zǐ
曰：“未可也。”“乡人皆恶之，何如？”子
yuē wèi kě yě bù rú xiāng rén zhī shàn zhě hào zhī qí bú
曰：“未可也；不如乡人之善者好之，其不
shàn zhě wù zhī
善者恶之。”

zǐ yuē jūn zǐ yì shì ér nán yuè yě yuè zhī bù yǐ
13.25 子曰：“君子易事而难说也。说之不以
dào bú yuè yě jí qí shǐ rén yě qì zhī xiǎo rén nán shì
道，不说也。及其使人也，器之。小人难事
ér yì yuè yě yuè zhī suī bù yǐ dào yuè yě jí qí shǐ rén
而易说也。说之虽不以道，说也。及其使人
yě qiú bèi yān
也，求备焉。”

zǐ yuē jūn zǐ tài ér bù jiāo xiǎo rén jiāo ér
13.26 子曰：“君子泰而不骄，小人骄而
bú tài
不泰。”

zǐ yuē gāng yì mù nè jìn rén
13.27 子曰：“刚、毅、木、讷近仁。”

zǐ lù wèn yuē hé rú sī kě wèi zhī shì yǐ zǐ
13.28 子路问曰：“何如斯可谓之士矣？”子
yuē qiè qiè sī sī yí yí rú yě kě wèi shì yǐ péng yǒu
曰：“切切偲偲，怡怡如也，可谓士矣。朋友
qiè qiè sī sī xiōng dì yí yí
切切偲偲，兄弟怡怡。”

zǐ yuē shàn rén jiào mín qī nián yì kě yǐ jí
13.29 子曰：“善人教民七年，亦可以即
róng yǐ
戎矣。”

zǐ yuē yǐ bú jiào mín zhàn shì wèi qì zhī
13.30 子曰：“以不教民战，是谓弃之。”

xiàn wèn piān dì shí sì
宪问篇第十四

xiàn wèn chǐ zǐ yuē bāng yǒu dào gǔ bāng wú dào
14.1 宪问耻。子曰："邦有道，谷。邦无道，
gǔ chǐ yě
谷，耻也。"

kè fá yuàn yù bù xíng yān kě yǐ wéi rén yǐ
"克、伐、怨、欲不行焉，可以为仁矣？"
zǐ yuē kě yǐ wéi nán yǐ rén zé wú bù zhī yě
子曰："可以为难矣，仁则吾不知也。"

zǐ yuē shì ér huái jū bù zú yǐ wéi shì yǐ
14.2 子曰："士而怀居，不足以为士矣。"

zǐ yuē bāng yǒu dào wēi yán wēi xíng bāng wú dào wēi
14.3 子曰："邦有道，危言危行；邦无道，危
xíng yán xùn
行言孙。"

zǐ yuē yǒu dé zhě bì yǒu yán yǒu yán zhě bú bì yǒu
14.4 子曰："有德者必有言，有言者不必有
dé rén zhě bì yǒu yǒng yǒng zhě bú bì yǒu rén
德。仁者必有勇，勇者不必有仁。"

nán gōng kuò wèn yú kǒng zǐ yuē yì shàn shè ào dàng
14.5 南宫适问于孔子曰："羿善射，奡荡
zhōu jù bù dé qí sǐ rán yǔ jì gōng jià ér yǒu tiān xià
舟，俱不得其死然。禹、稷躬稼而有天下。"
fū zǐ bù dá
夫子不答。

nán gōng kuò chū zǐ yuē jūn zǐ zāi ruò rén shàng dé
南宫适出，子曰："君子哉若人！尚德
zāi ruò rén
哉若人！"

zǐ yuē jūn zǐ ér bù rén zhě yǒu yǐ fū wèi yǒu xiǎo rén
14.6 子曰："君子而不仁者有矣夫，未有小人
ér rén zhě yě
而仁者也。"

zǐ yuē ài zhī néng wù láo hū zhōng yān néng wù
14.7 子曰："爱之，能勿劳乎？忠焉，能勿
huì hū
诲乎？"

zǐ yuē wéi mìng bì chén cǎo chuàng zhī shì shū tǎo lùn
14.8 子曰："为命，裨谌草创之，世叔讨论
zhī xíng rén zǐ yǔ xiū shì zhī dōng lǐ zǐ chǎn rùn sè zhī
之，行人子羽修饰之，东里子产润色之。"

huò wèn zǐ chǎn zǐ yuē huì rén yě wèn zǐ
14.9 或问子产。子曰："惠人也。"问子
xī yuē bǐ zāi bǐ zāi wèn guǎn zhòng yuē
西。曰："彼哉！彼哉！"问管仲。曰：
rén yě duó bó shì pián yì sān bǎi fàn shū shí mò chǐ wú
"人也。夺伯氏骈邑三百，饭疏食，没齿无
yuàn yán
怨言。"

zǐ yuē pín ér wú yuàn nán fù ér wú jiāo yì
14.10 子曰："贫而无怨难，富而无骄易。"

zǐ yuē mèng gōng chuò wéi zhào wèi lǎo zé yōu bù kě
14.11 子曰："孟公绰为赵、魏老则优，不可
yǐ wéi téng xuē dà fū
以为滕、薛大夫。"

zǐ lù wèn chéng rén zǐ yuē ruò zāng wǔ zhòng zhī
14.12 子路问成人。子曰："若臧武仲之
zhī gōng chuò zhī bú yù biàn zhuāng zǐ zhī yǒng rǎn qiú zhī
知，公绰之不欲，卞庄子之勇，冉求之
yì wén zhī yǐ lǐ yuè yì kě yǐ wéi chéng rén yǐ yuē
艺，文之以礼乐，亦可以为成人矣。"曰：
jīn zhī chéng rén zhě hé bì rán jiàn lì sī yì jiàn wēi shòu mìng
"今之成人者何必然？见利思义，见危授命，
jiǔ yuē bú wàng píng shēng zhī yán yì kě yǐ wéi chéng rén yǐ
久要不忘平生之言，亦可以为成人矣。"

zǐ wèn gōng shū wén zǐ yú gōng míng jiǎ yuē xìn hū fū
14.13 子问公叔文子于公明贾曰：“信乎，夫
zǐ bù yán bú xiào bù qǔ hū
子不言，不笑，不取乎？”

gōng míng jiǎ duì yuē yǐ gào zhě guò yě fū zǐ shí rán hòu
公明贾对曰：“以告者过也。夫子时然后
yán rén bú yàn qí yán lè rán hòu xiào rén bú yàn qí xiào
言，人不厌其言；乐然后笑，人不厌其笑；
yì rán hòu qǔ rén bú yàn qí qǔ
义然后取，人不厌其取。”

zǐ yuē qí rán qǐ qí rán hū
子曰：“其然？岂其然乎？”

zǐ yuē zāng wǔ zhòng yǐ fáng qiú wéi hòu yú lǔ suī yuē bù
14.14 子曰：“臧武仲以防求为后于鲁，虽曰不
yāo jūn wú bú xìn yě
要君，吾不信也。”

zǐ yuē jìn wén gōng jué ér bú zhèng qí huán gōng
14.15 子曰：“晋文公谲而不正，齐桓公
zhèng ér bù jué
正而不谲。”

zǐ lù yuē huán gōng shā gōng zǐ jiū shào hū sǐ zhī
14.16 子路曰：“桓公杀公子纠，召忽死之，
guǎn zhòng bù sǐ yuē wèi rén hū zǐ yuē huán
管仲不死。”曰：“未仁乎？”子曰：“桓
gōng jiǔ hé zhū hóu bù yǐ bīng chē guǎn zhòng zhī lì yě rú qí
公九合诸侯，不以兵车，管仲之力也。如其
rén rú qí rén
仁，如其仁。”

zǐ gòng yuē guǎn zhòng fēi rén zhě yú huán gōng shā gōng zǐ
子贡曰：“管仲非仁者与？桓公杀公子
jiū bù néng sǐ yòu xiàng zhī zǐ yuē guǎn zhòng xiàng
纠，不能死，又相之。”子曰：“管仲相
huán gōng bà zhū hóu yì kuāng tiān xià mín dào yú jīn shòu qí
桓公，霸诸侯，一匡天下，民到于今受其
cì wēi guǎn zhòng wú qí pī fā zuǒ rèn yǐ qǐ ruò pǐ fū pǐ
赐。微管仲，吾其被发左衽矣。岂若匹夫匹

fù zhī wéi liàng yě zì jīng yú gōu dú ér mò zhī zhī yě
妇之为谅也，自经于沟渎而莫之知也？”

gōng shū wén zǐ zhī chén dà fū zhuàn yǔ wén zǐ tóng shēng zhū
14.17 公叔文子之臣大夫僎与文子同升诸
gōng zǐ wén zhī yuē kě yǐ wéi wén yǐ
公。子闻之，曰：“可以为‘文’矣。”

zǐ yán wèi líng gōng zhī wú dào yě kāng zǐ yuē fú rú
14.18 子言卫灵公之无道也，康子曰：“夫如
shì xī ér bú sàng kǒng zǐ yuē zhòngshū yǔ zhì bīn kè
是，奚而不丧？”孔子曰：“仲叔圉治宾客，
zhù tuó zhì zōng miào wáng sūn jiǎ zhì jūn lǚ fú rú shì xī
祝鮀治宗庙，王孙贾治军旅。夫如是，奚
qí sàng
其丧？”

zǐ yuē qí yán zhī bú zuò zé wéi zhī yě nán
14.19 子曰：“其言之不怍，则为之也难。”

chén chéng zǐ shì jiǎn gōng kǒng zǐ mù yù ér cháo gào yú āi
14.20 陈成子弑简公。孔子沐浴而朝，告于哀
gōng yuē chén héng shì qí jūn qǐng tǎo zhī gōng yuē gào
公曰：“陈恒弑其君，请讨之。”公曰：“告
fú sān zǐ
夫三子！”

kǒng zǐ yuē yǐ wú cóng dà fū zhī hòu bù gǎn bú gào
孔子曰：“以吾从大夫之后，不敢不告
yě jūn yuē gào fú sān zǐ zhě
也。君曰‘告夫三子’者！”

zhī sān zǐ gào bù kě kǒng zǐ yuē yǐ wú cóng dà fū
之三子告，不可。孔子曰：“以吾从大夫
zhī hòu bù gǎn bú gào yě
之后，不敢不告也。”

zǐ lù wèn shì jūn zǐ yuē wù qī yě ér
14.21 子路问事君。子曰：“勿欺也，而
fàn zhī
犯之。”

zǐ yuē jūn zǐ shàng dá xiǎo rén xià dá
14.22 子曰：“君子上达，小人下达。”

zǐ yuē gǔ zhī xué zhě wèi jǐ jīn zhī xué zhě
14.23 子曰："古之学者为己，今之学者
wèi rén
为人。"

qú bó yù shǐ rén yú kǒng zǐ kǒng zǐ yǔ zhī zuò ér wèn yān
14.24 蘧伯玉使人于孔子。孔子与之坐而问焉，
yuē fū zǐ hé wéi duì yuē fū zǐ yù guǎ qí guò ér
曰："夫子何为？"对曰："夫子欲寡其过而
wèi néng yě
未能也。"

shǐ zhě chū zǐ yuē shǐ hū shǐ hū
使者出。子曰"使乎！使乎！"

zǐ yuē bú zài qí wèi bù móu qí zhèng
14.25 子曰："不在其位，不谋其政。"

zēng zǐ yuē jūn zǐ sī bù chū qí wèi
曾子曰："君子思不出其位。"

zǐ yuē jūn zǐ chǐ qí yán ér guò qí xíng
14.26 子曰："君子耻其言而过其行。"

zǐ yuē jūn zǐ dào zhě sān wǒ wú néng yān rén zhě bù
14.27 子曰："君子道者三，我无能焉：仁者不
yōu zhì zhě bú huò yǒng zhě bú jù zǐ gòng yuē fū zǐ
忧，知者不惑，勇者不惧。"子贡曰："夫子
zì dào yě
自道也。"

zǐ gòng fāng rén zǐ yuē cì yě xián hū zāi fú wǒ
14.28 子贡方人。子曰："赐也贤乎哉？夫我
zé bù xiá
则不暇。"

zǐ yuē bú huàn rén zhī bù jǐ zhī huàn qí bù
14.29 子曰："不患人之不己知，患其不
néng yě
能也。"

zǐ yuē bú nì zhà bú yì bú xìn yì yì xiān jué
14.30 子曰："不逆诈，不亿不信，抑亦先觉
zhě shì xián hū
者，是贤乎！"

wēi shēng mǔ wèi kǒng zǐ yuē qiū hé wéi shì xī xī zhě
14.31 微生亩谓孔子曰："丘何为是栖栖者
yú wú nǎi wéi nìng hū kǒng zǐ yuē fēi gǎn wéi nìng yě
与？无乃为佞乎？"孔子曰："非敢为佞也，
jí gù yě
疾固也。"

zǐ yuē jì bù chēng qí lì chēng qí dé yě
14.32 子曰："骥不称其力，称其德也。"

huò yuē yǐ dé bào yuàn hé rú zǐ yuē hé
14.33 或曰："以德报怨，何如？"子曰："何
yǐ bào dé yǐ zhí bào yuàn yǐ dé bào dé
以报德？以直报怨，以德报德。"

zǐ yuē mò wǒ zhī yě fú zǐ gòng yuē hé wéi
14.34 子曰："莫我知也夫！"子贡曰："何为
qí mò zhī zǐ yě zǐ yuē bú yuàn tiān bù yóu rén xià
其莫知子也？"子曰："不怨天，不尤人，下
xué ér shàng dá zhī wǒ zhě qí tiān hū
学而上达。知我者其天乎！"

gōng bó liáo sù zǐ lù yú jì sūn zǐ fú jǐng bó yǐ gào
14.35 公伯寮愬子路于季孙。子服景伯以告，
yuē fū zǐ gù yǒu huò zhì yú gōng bó liáo wú lì yóu néng sì zhū
曰："夫子固有惑志于公伯寮，吾力犹能肆诸
shì cháo
市朝。"

zǐ yuē dào zhī jiāng xíng yě yú mìng yě dào zhī jiāng fèi
子曰："道之将行也与，命也；道之将废
yě yú mìng yě gōng bó liáo qí rú mìng hé
也与，命也。公伯寮其如命何！"

zǐ yuē xián zhě bì shì qí cì bì dì qí cì bì
14.36 子曰："贤者辟世，其次辟地，其次辟
sè qí cì bì yán
色，其次辟言。"

zǐ yuē zuò zhě qī rén yǐ
子曰："作者七人矣。"

zǐ lù sù yú shí mén chén mén yuē xī zì zǐ
14.37 子路宿于石门。晨门曰："奚自？"子

lù yuē zì kǒng shì yuē shì zhī qí bù kě ér wéi zhī
路曰："自孔氏。"曰："是知其不可而为之
zhě yú
者与？"

zǐ jī qìng yú wèi yǒu hè kuì ér guò kǒng shì zhī mén zhě
14.38 子击磬于卫，有荷蒉而过孔氏之门者，
yuē yǒu xīn zāi jī qìng hū jì ér yuē bǐ zāi
曰："有心哉，击磬乎！"既而曰："鄙哉，
kēng kēng hū mò jǐ zhī yě sī jǐ ér yǐ yǐ shēn zé lì
硁硁乎！莫己知也，斯己而已矣。深则厉，
qiǎn zé qì
浅则揭。"

zǐ yuē guǒ zāi mò zhī nán yǐ
子曰："果哉！末之难矣。"

zǐ zhāng yuē shū yún gāo zōng liàng yīn sān nián
14.39 子张曰："《书》云：'高宗谅阴，三年
bù yán hé wèi yě zǐ yuē hé bì gāo zōng gǔ zhī
不言。'何谓也？"子曰："何必高宗，古之
rén jiē rán jūn hōng bǎi guān zǒng jǐ yǐ tīng yú zhǒng zǎi sān nián
人皆然。君薨，百官总己以听于冢宰三年。"

zǐ yuē shàng hào lǐ zé mín yì shǐ yě
14.40 子曰："上好礼，则民易使也。"

zǐ lù wèn jūn zǐ zǐ yuē xiū jǐ yǐ jìng
14.41 子路问君子。子曰："修己以敬。"

yuē rú sī ér yǐ hū yuē xiū jǐ yǐ ān
曰："如斯而已乎？"曰："修己以安
rén yuē rú sī ér yǐ hū yuē xiū jǐ yǐ ān
人。"曰："如斯而已乎？"曰："修己以安
bǎi xìng xiū jǐ yǐ ān bǎi xìng yáo shùn qí yóu bìng zhū
百姓。修己以安百姓，尧、舜其犹病诸？"

yuán rǎng yí sì zǐ yuē yòu ér bú xùn tì zhǎng ér wú
14.42 原壤夷俟。子曰："幼而不孙弟，长而无
shù yān lǎo ér bù sǐ shì wéi zéi yǐ zhàng kòu qí jìng
述焉，老而不死，是为贼。"以杖叩其胫。

què dǎng tóng zǐ jiāng mìng huò wèn zhī yuē yì zhě
14.43 阙党童子将命。或问之曰："益者

yú zǐ yuē wú jiàn qí jū yú wèi yě jiàn qí yǔ xiān
与？”子曰：“吾见其居于位也。见其与先
shēng bìng xíng yě fēi qiú yì zhě yě yù sù chéng zhě yě
生并行也。非求益者也，欲速成者也。”

wèi líng gōng piān dì shí wǔ
卫灵公篇第十五

wèi líng gōng wèn zhèn yú kǒng zǐ kǒng zǐ duì yuē zǔ dòu zhī
15.1 卫灵公问陈于孔子。孔子对曰：“俎豆之
shì zé cháng wén zhī yǐ jūn lǚ zhī shì wèi zhī xué yě
事，则尝闻之矣；军旅之事，未之学也。”
míng rì suì xíng
明日遂行。

zài chén jué liáng cóng zhě bìng mò néng xīng zǐ lù yùn jiàn
15.2 在陈绝粮，从者病，莫能兴。子路愠见
yuē jūn zǐ yì yǒu qióng hū zǐ yuē jūn zǐ gù qióng
曰：“君子亦有穷乎？”子曰：“君子固穷，
xiǎo rén qióng sī làn yǐ
小人穷斯滥矣。”

zǐ yuē cì yě rǔ yǐ yú wéi duō xué ér zhì zhī zhě
15.3 子曰：“赐也，女以予为多学而识之者
yú duì yuē rán fēi yú yuē fēi yě yú
与？”对曰：“然，非与？”曰：“非也，予
yī yǐ guàn zhī
一以贯之。”

zǐ yuē yóu zhī dé zhě xiǎn yǐ
15.4 子曰：“由！知德者鲜矣。”

zǐ yuē wú wéi ér zhì zhě qí shùn yě yú fū hé wéi
15.5 子曰：“无为而治者其舜也与？夫何为
zāi gōng jǐ zhèng nán miàn ér yǐ yǐ
哉？恭己正南面而已矣。”

zǐ zhāng wèn xíng zǐ yuē yán zhōng xìn xíng dǔ jìng
15.6 子张问行。子曰：“言忠信，行笃敬，

suī mán mò zhī bāng xíng yǐ yán bù zhōng xìn xíng bù dǔ jìng
虽蛮貊之邦，行矣。言不忠信，行不笃敬，
suī zhōu lǐ xíng hū zāi lì zé jiàn qí cān yú qián yě zài yú
虽州里，行乎哉？立则见其参于前也，在舆
zé jiàn qí yǐ yú héng yě fú rán hòu xíng zǐ zhāng shū zhū shēn
则见其倚于衡也，夫然后行。”子张书诸绅。

zǐ yuē zhí zāi shǐ yú bāng yǒu dào rú shǐ bāng wú
15.7 子曰：“直哉史鱼！邦有道，如矢；邦无
dào rú shǐ jūn zǐ zāi qú bó yù bāng yǒu dào zé shì
道，如矢。君子哉蘧伯玉！邦有道，则仕；
bāng wú dào zé kě juǎn ér huái zhī
邦无道，则可卷而怀之。”

zǐ yuē kě yǔ yán ér bù yǔ zhī yán shī rén bù
15.8 子曰：“可与言而不与之言，失人；不
kě yǔ yán ér yǔ zhī yán shī yán zhì zhě bù shī rén yì bù
可与言而与之言，失言。知者不失人，亦不
shī yán
失言。”

zǐ yuē zhì shì rén rén wú qiú shēng yǐ hài rén yǒu shā
15.9 子曰：“志士仁人，无求生以害仁，有杀
shēn yǐ chéng rén
身以成仁。”

zǐ gòng wèn wéi rén zǐ yuē gōng yù shàn qí shì bì xiān
15.10 子贡问为仁。子曰：“工欲善其事，必先
lì qí qì jū shì bāng yě shì qí dà fū zhī xián zhě yǒu qí
利其器。居是邦也，事其大夫之贤者，友其
shì zhī rén zhě
士之仁者。”

yán yuān wèn wéi bāng zǐ yuē xíng xià zhī shí chéng yīn zhī
15.11 颜渊问为邦。子曰：“行夏之时，乘殷之
lù fú zhōu zhī miǎn yuè zé sháo wǔ fàng zhèng shēng
辂，服周之冕，乐则《韶》《舞》。放郑声，
yuǎn nìng rén zhèng shēng yín nìng rén dài
远佞人。郑声淫，佞人殆。”

zǐ yuē rén wú yuǎn lǜ bì yǒu jìn yōu
15.12 子曰：“人无远虑，必有近忧。”

zǐ yuē yǐ yǐ hū wú wèi jiàn hào dé rú hào sè
15.13 子曰："已矣乎！吾未见好德如好色
zhě yě
者也。"

zǐ yuē zāng wén zhòng qí qiè wèi zhě yú zhī liǔ xià huì
15.14 子曰："臧文仲其窃位者与？知柳下惠
zhī xián ér bù yǔ lì yě
之贤而不与立也。"

zǐ yuē gōng zì hòu ér bó zé yú rén zé yuǎn
15.15 子曰："躬自厚而薄责于人，则远
yuàn yǐ
怨矣。"

zǐ yuē bù yuē rú zhī hé rú zhī hé zhě wú
15.16 子曰："不曰'如之何，如之何'者，吾
mò rú zhī hé yě yǐ yǐ
末如之何也已矣。"

zǐ yuē qún jū zhōng rì yán bù jí yì hào xíng xiǎo
15.17 子曰："群居终日，言不及义，好行小
huì nán yǐ zāi
慧，难矣哉！"

zǐ yuē jūn zǐ yì yǐ wéi zhì lǐ yǐ xíng zhī xùn yǐ
15.18 子曰："君子义以为质，礼以行之，孙以
chū zhī xìn yǐ chéng zhī
出之，信以成之。君子哉！"
jūn zǐ zāi

zǐ yuē jūn zǐ bìng wú néng yān bú bìng rén zhī bù jǐ
15.19 子曰："君子病无能焉，不病人之不己
zhī yě
知也。"

zǐ yuē jūn zǐ jí mò shì ér míng bù chēng yān
15.20 子曰："君子疾没世而名不称焉。"

zǐ yuē jūn zǐ qiú zhū jǐ xiǎo rén qiú zhū rén
15.21 子曰："君子求诸己，小人求诸人。"

zǐ yuē jūn zǐ jīn ér bù zhēng qún ér bù dǎng
15.22 子曰："君子矜而不争，群而不党。"

zǐ yuē jūn zǐ bù yǐ yán jǔ rén bù yǐ rén
15.23 子曰：“君子不以言举人，不以人
fèi yán
废言。”

zǐ gòng wèn yuē yǒu yì yán ér kě yǐ zhōng shēn xíng zhī
15.24 子贡问曰：“有一言而可以终身行之
zhě hū zǐ yuē qí shù hū jǐ suǒ bú yù wù shī
者乎？”子曰：“其恕乎！己所不欲，勿施
yú rén
于人。”

zǐ yuē wú zhī yú rén yě shuí huǐ shuí yù rú yǒu suǒ
15.25 子曰：“吾之于人也，谁毁谁誉？如有所
yù zhě qí yǒu suǒ shì yǐ sī mín yě sān dài zhī suǒ yǐ zhí
誉者，其有所试矣。斯民也，三代之所以直
dào ér xíng yě
道而行也。”

zǐ yuē wú yóu jí shǐ zhī quē wén yě yǒu mǎ zhě jiè rén
15.26 子曰：“吾犹及史之阙文也。有马者借人
chéng zhī jīn wú yǐ fú
乘之，今亡矣夫！”

zǐ yuē qiǎo yán luàn dé xiǎo bù rěn zé luàn
15.27 子曰：“巧言乱德。小不忍，则乱
dà móu
大谋。”

zǐ yuē zhòng wù zhī bì chá yān zhòng hào zhī bì
15.28 子曰：“众恶之，必察焉；众好之，必
chá yān
察焉。”

zǐ yuē rén néng hóng dào fēi dào hóng rén
15.29 子曰：“人能弘道，非道弘人。”

zǐ yuē guò ér bù gǎi shì wèi guò yǐ
15.30 子曰：“过而不改，是谓过矣。”

zǐ yuē wú cháng zhōng rì bù shí zhōng yè bù qǐn yǐ
15.31 子曰：“吾尝终日不食，终夜不寝，以
sī wú yì bù rú xué yě
思，无益，不如学也。”

zǐ yuē jūn zǐ móu dào bù móu shí gēng yě něi zài
15.32 子曰："君子谋道不谋食。耕也，馁在
qí zhōng yǐ xué yě lù zài qí zhōng yǐ jūn zǐ yōu dào bù
其中矣；学也，禄在其中矣。君子忧道不
yōu pín
忧贫。"

zǐ yuē zhì jí zhī rén bù néng shǒu zhī suī dé zhī
15.33 子曰："知及之，仁不能守之，虽得之，
bì shī zhī zhì jí zhī rén néng shǒu zhī bù zhuāng yǐ lì zhī
必失之。知及之，仁能守之。不庄以莅之，
zé mín bú jìng zhì jí zhī rén néng shǒu zhī zhuāng yǐ lì zhī
则民不敬。知及之，仁能守之，庄以莅之，
dòng zhī bù yǐ lǐ wèi shàn yě
动之不以礼，未善也。"

zǐ yuē jūn zǐ bù kě xiǎo zhī ér kě dà shòu yě xiǎo rén
15.34 子曰："君子不可小知而可大受也，小人
bù kě dà shòu ér kě xiǎo zhī yě
不可大受而可小知也。"

zǐ yuē mín zhī yú rén yě shèn yú shuǐ huǒ shuǐ huǒ
15.35 子曰："民之于仁也，甚于水火。水火，
wú jiàn dǎo ér sǐ zhě yǐ wèi jiàn dǎo rén ér sǐ zhě yě
吾见蹈而死者矣，未见蹈仁而死者也。"

zǐ yuē dāng rén bú ràng yú shī
15.36 子曰："当仁，不让于师。"

zǐ yuē jūn zǐ zhēn ér bú liàng
15.37 子曰："君子贞而不谅。"

zǐ yuē shì jūn jìng qí shì ér hòu qí shí
15.38 子曰："事君，敬其事而后其食。"

zǐ yuē yǒu jiào wú lèi
15.39 子曰："有教无类。"

zǐ yuē dào bù tóng bù xiāng wéi móu
15.40 子曰："道不同，不相为谋。"

zǐ yuē cí dá ér yǐ yǐ
15.41 子曰："辞达而已矣。"

shī miǎn jiàn jí jiē zǐ yuē jiē yě jí xí
15.42 师冕见，及阶，子曰：“阶也。”及席，
zǐ yuē xí yě jiē zuò zǐ gào zhī yuē mǒu zài
子曰：“席也。”皆坐，子告之曰：“某在
sī mǒu zài sī shī miǎn chū zǐ zhāng wèn yuē yǔ shī yán
斯，某在斯。”师冕出。子张问曰：“与师言
zhī dào yú zǐ yuē rán gù xiàng shī zhī dào yě
之道与？”子曰：“然；固相师之道也。”

jì shì piān dì shí liù
季氏篇第十六

jì shì jiāng fá zhuān yú rǎn yǒu jì lù jiàn yú kǒng zǐ yuē
16.1 季氏将伐颛臾。冉有、季路见于孔子曰：
jì shì jiāng yǒu shì yú zhuān yú
“季氏将有事于颛臾。”

kǒng zǐ yuē qiú wú nǎi ěr shì guò yú fú zhuān yú
孔子曰：“求！无乃尔是过与？夫颛臾，
xī zhě xiān wáng yǐ wéi dōng méng zhǔ qiě zài bāng yù zhī zhōng yǐ shì
昔者先王以为东蒙主，且在邦域之中矣，是
shè jì zhī chén yě hé yǐ fá wéi
社稷之臣也。何以伐为？”

rǎn yǒu yuē fū zǐ yù zhī wú èr chén zhě jiē bú yù
冉有曰：“夫子欲之，吾二臣者皆不欲
yě kǒng zǐ yuē qiú zhōu rèn yǒu yán yuē chén lì jiù
也。”孔子曰：“求！周任有言曰：‘陈力就
liè bù néng zhě zhǐ wēi ér bù chí diān ér bù fú zé jiāng
列，不能者止。’危而不持，颠而不扶，则将
yān yòng bǐ xiàng yǐ qiě ěr yán guò yǐ hǔ sì chū yú xiá guī
焉用彼相矣？且尔言过矣，虎兕出于柙，龟
yù huǐ yú dú zhōng shì shuí zhī guò yú
玉毁于椟中，是谁之过与？”

rǎn yǒu yuē jīn fū zhuān yú gù ér jìn yú bì jīn bù
冉有曰：“今夫颛臾，固而近于费。今不
qǔ hòu shì bì wéi zǐ sūn yōu
取，后世必为子孙忧。”

kǒng zǐ yuē qiú jūn zǐ jí fú shě yuē yù zhī ér bì wéi
孔子曰："求！君子疾夫舍曰欲之而必为
zhī cí qiū yě wén yǒu guó yǒu jiā zhě bú huàn guǎ ér huàn bù jūn
之辞。丘也闻有国有家者，不患寡而患不均，
bú huàn pín ér huàn bù ān gài jūn wú pín hé wú guǎ ān wú
不患贫而患不安。盖均无贫，和无寡，安无
qīng fú rú shì gù yuǎn rén bù fú zé xiū wén dé yǐ lái zhī
倾。夫如是，故远人不服，则修文德以来之。
jì lái zhī zé ān zhī jīn yóu yǔ qiú yě xiàng fū zǐ yuǎn
既来之，则安之。今由与求也，相夫子，远
rén bù fú ér bù néng lái yě bāng fēn bēng lí xī ér bù néng
人不服，而不能来也；邦分崩离析，而不能
shǒu yě ér móu dòng gān gē yú bāng nèi wú kǒng jì sūn zhī yōu
守也；而谋动干戈于邦内。吾恐季孙之忧，
bú zài zhuān yú ér zài xiāo qiáng zhī nèi yě
不在颛臾，而在萧墙之内也。"

kǒng zǐ yuē tiān xià yǒu dào zé lǐ yuè zhēng fá zì tiān
16.2 孔子曰："天下有道，则礼乐征伐自天
zǐ chū tiān xià wú dào zé lǐ yuè zhēng fá zì zhū hóu chū zì
子出；天下无道，则礼乐征伐自诸侯出。自
zhū hóu chū gài shí shì xī bù shī yǐ zì dà fū chū wǔ shì
诸侯出，盖十世希不失矣；自大夫出，五世
xī bù shī yǐ péi chén zhí guó mìng sān shì xī bù shī yǐ tiān
希不失矣；陪臣执国命，三世希不失矣。天
xià yǒu dào zé zhèng bú zài dà fū tiān xià yǒu dào zé shù rén
下有道，则政不在大夫。天下有道，则庶人
bú yì
不议。"

kǒng zǐ yuē lù zhī qù gōng shì wǔ shì yǐ zhèng dài yú dà
16.3 孔子曰："禄之去公室五世矣，政逮于大
fū sì shì yǐ gù fú sān huán zhī zǐ sūn wēi yǐ
夫四世矣，故夫三桓之子孙微矣。"

kǒng zǐ yuē yì zhě sān yǒu sǔn zhě sān yǒu yǒu zhí
16.4 孔子曰："益者三友，损者三友。友直，
yǒu liàng yǒu duō wén yì yǐ yǒu pián pì yǒu shàn róu yǒu
友谅，友多闻，益矣。友便辟，友善柔，友
pián nìng sǔn yǐ
便佞，损矣。"

kǒng zǐ yuē　yì zhě sān lè　sǔn zhě sān lè　lè jié lǐ
16.5 孔子曰："益者三乐，损者三乐。乐节礼
yuè　lè dào rén zhī shàn　lè duō xián yǒu　yì yǐ　lè jiāo lè
乐，乐道人之善，乐多贤友，益矣。乐骄乐，
lè yì yóu　lè yàn lè　sǔn yǐ
乐佚游，乐晏乐，损矣。"

kǒng zǐ yuē　shì yú jūn zǐ yǒu sān qiān　yán wèi jí zhī ér
16.6 孔子曰："侍于君子有三愆：言未及之而
yán wèi zhī zào　yán jí zhī ér bù yán wèi zhī yǐn　wèi jiàn yán sè
言谓之躁，言及之而不言谓之隐，未见颜色
ér yán wèi zhī gǔ
而言谓之瞽。"

kǒng zǐ yuē　jūn zǐ yǒu sān jiè　shào zhī shí　xuè qì wèi
16.7 孔子曰："君子有三戒：少之时，血气未
dìng　jiè zhī zài sè　jí qí zhuàng yě　xuè qì fāng gāng　jiè zhī
定，戒之在色；及其壮也，血气方刚，戒之
zài dòu　jí qí lǎo yě　xuè qì jì shuāi　jiè zhī zài dé
在斗；及其老也，血气既衰，戒之在得。"

kǒng zǐ yuē　jūn zǐ yǒu sān wèi　wèi tiān mìng　wèi
16.8 孔子曰："君子有三畏：畏天命，畏
dà rén　wèi shèng rén zhī yán　xiǎo rén bù zhī tiān mìng ér bú wèi
大人，畏圣人之言。小人不知天命而不畏
yě　xiá dà rén　wǔ shèng rén zhī yán
也，狎大人，侮圣人之言。"

kǒng zǐ yuē　shēng ér zhī zhī zhě shàng yě　xué ér zhī zhī zhě
16.9 孔子曰："生而知之者上也，学而知之者
cì yě　kùn ér xué zhī　yòu qí cì yě　kùn ér bù xué　mín
次也；困而学之，又其次也；困而不学，民
sī wéi xià yǐ
斯为下矣。"

kǒng zǐ yuē　jūn zǐ yǒu jiǔ sī　shì sī míng　tīng sī
16.10 孔子曰："君子有九思：视思明，听思
cōng　sè sī wēn　mào sī gōng　yán sī zhōng　shì sī jìng　yí
聪，色思温，貌思恭，言思忠，事思敬，疑
sī wèn　fèn sī nàn　jiàn dé sī yì
思问，忿思难，见得思义。"

kǒng zǐ yuē jiàn shàn rú bù jí jiàn bú shàn rú tàn tāng
16.11 孔子曰：“见善如不及，见不善如探汤。
wú jiàn qí rén yǐ wú wén qí yǔ yǐ yǐn jū yǐ qiú qí zhì
吾见其人矣，吾闻其语矣。隐居以求其志，
xíng yì yǐ dá qí dào wú wén qí yǔ yǐ wèi jiàn qí rén yě
行义以达其道。吾闻其语矣，未见其人也。”

qí jǐng gōng yǒu mǎ qiān sì sǐ zhī rì mín wú dé ér chēng
16.12 齐景公有马千驷，死之日，民无德而称
yān bó yí shū qí è yú shǒu yáng zhī xià mín dào yú jīn chēng
焉。伯夷、叔齐饿于首阳之下，民到于今称
zhī qí sī zhī wèi yú
之。其斯之谓与？

chén gāng wèn yú bó yú yuē zǐ yì yǒu yì wén hū duì
16.13 陈亢问于伯鱼曰：“子亦有异闻乎？”对
yuē wèi yě cháng dú lì lǐ qū ér guò tíng yuē xué
曰：“未也。尝独立，鲤趋而过庭。曰：‘学
shī hū duì yuē wèi yě bù xué shī wú yǐ
诗乎？’对曰：‘未也。’‘不学诗，无以
yán lǐ tuì ér xué shī tā rì yòu dú lì lǐ qū ér guò
言。’鲤退而学诗。他日，又独立，鲤趋而过
tíng yuē xué lǐ hū duì yuē wèi yě bù
庭。曰：‘学礼乎？’对曰：‘未也。’‘不
xué lǐ wú yǐ lì lǐ tuì ér xué lǐ wén sī èr zhě
学礼，无以立。’鲤退而学礼。闻斯二者。”

chén gāng tuì ér xǐ yuē wèn yī dé sān wén shī wén
陈亢退而喜曰：“问一得三，闻诗，闻
lǐ yòu wén jūn zǐ zhī yuǎn qí zǐ yě
礼，又闻君子之远其子也。”

bāng jūn zhī qī jūn chēng zhī yuē fū rén fū rén zì chēng yuē
16.14 邦君之妻，君称之曰夫人，夫人自称曰
xiǎo tóng bāng rén chēng zhī yuē jūn fū rén chēng zhū yì bāng yuē guǎ xiǎo
小童；邦人称之曰君夫人，称诸异邦曰寡小
jūn yì bāng rén chēng zhī yì yuē jūn fū rén
君；异邦人称之亦曰君夫人。

yáng huò piān dì shí qī
阳货篇第十七

yáng huò yù jiàn kǒng zǐ, kǒng zǐ bú jiàn, kuì kǒng zǐ tún.
17.1 阳货欲见孔子，孔子不见，归孔子豚。

kǒng zǐ shí qí wáng yě, ér wǎng bài zhī.
孔子时其亡也，而往拜之。

yù zhū tú.
遇诸涂。

wèi kǒng zǐ yuē: "lái! yú yǔ ěr yán." yuē: "huái qí bǎo ér mí qí bāng, kě wèi rén hū?" yuē: "bù kě. hào cóng shì ér qì shī shí, kě wèi zhì hū?" yuē: "bù kě. rì yuè shì yǐ, suì bù wǒ yǔ."
谓孔子曰："来！予与尔言。"曰："怀其宝而迷其邦，可谓仁乎？"曰："不可。好从事而亟失时，可谓知乎？"曰："不可。日月逝矣，岁不我与。"

kǒng zǐ yuē: "nuò, wú jiāng shì yǐ."
孔子曰："诺，吾将仕矣。"

zǐ yuē: "xìng xiāng jìn yě, xí xiāng yuǎn yě."
17.2 子曰："性相近也，习相远也。"

zǐ yuē: "wéi shàng zhì yǔ xià yú bù yí."
17.3 子曰："唯上知与下愚不移。"

zǐ zhī wǔ chéng, wén xián gē zhī shēng. fū zǐ wǎn ěr ér xiào yuē: "gē jī yān yòng niú dāo?"
17.4 子之武城，闻弦歌之声。夫子莞尔而笑曰："割鸡焉用牛刀？"

zǐ yóu duì yuē: "xī zhě yǎn yě wén zhū fū zǐ yuē: 'jūn zǐ xué dào zé ài rén, xiǎo rén xué dào zé yì shǐ yě.'"
子游对曰："昔者偃也闻诸夫子曰：'君子学道则爱人，小人学道则易使也。'"

zǐ yuē èr sān zǐ yǎn zhī yán shì yě qián yán xì
子曰："二三子！偃之言是也。前言戏
zhī ěr
之耳。"

gōng shān fú rǎo yǐ bì pàn zhào zǐ yù wǎng
17.5 公山弗扰以费畔，召，子欲往。

zǐ lù bú yuè yuē mò zhī yě yǐ hé bì gōng shān shì
子路不说，曰："末之也已，何必公山氏
zhī zhī yě
之之也？"

zǐ yuē fū zhào wǒ zhě ér qǐ tú zāi rú yǒu yòng wǒ
子曰："夫召我者，而岂徒哉？如有用我
zhě wú qí wéi dōng zhōu hū
者，吾其为东周乎？"

zǐ zhāng wèn rén yú kǒng zǐ kǒng zǐ yuē néng xíng wǔ zhě yú
17.6 子张问仁于孔子。孔子曰："能行五者于
tiān xià wéi rén yǐ
天下为仁矣。"

qǐng wèn zhī yuē gōng kuān xìn mǐn
"请问之。"曰："恭，宽，信，敏，
huì gōng zé bù wǔ kuān zé dé zhòng xìn zé rén rèn yān mǐn
惠。恭则不侮，宽则得众，信则人任焉，敏
zé yǒu gōng huì zé zú yǐ shǐ rén
则有功，惠则足以使人。"

bì xī zhào zǐ yù wǎng
17.7 佛肸召，子欲往。

zǐ lù yuē xī zhě yóu yě wén zhū fū zǐ yuē qīn yú
子路曰："昔者由也闻诸夫子曰：'亲于
qí shēn wéi bú shàn zhě jūn zǐ bú rù yě bì xī yǐ zhōng móu
其身为不善者，君子不入也。'佛肸以中牟
pàn zǐ zhī wǎng yě rú zhī hé
畔，子之往也，如之何？"

zǐ yuē rán yǒu shì yán yě bù yuē jiān hū mó
子曰："然，有是言也。不曰坚乎，磨
ér bù lìn bù yuē bái hū niè ér bù zī wú qǐ páo guā yě
而不磷；不曰白乎，涅而不缁。吾岂匏瓜也

zāi yān néng xì ér bù shí
哉？焉能系而不食？”

zǐ yuē yóu yě rǔ wén liù yán liù bì yǐ hū duì
17.8 子曰：“由也！女闻六言六蔽矣乎？”对
yuē wèi yě
曰：“未也。”

jū wú yǔ rǔ hào rén bú hào xué qí bì yě yú
“居！吾语女。好仁不好学，其蔽也愚；
hào zhì bú hào xué qí bì yě dàng hào xìn bú hào xué qí bì
好知不好学，其蔽也荡；好信不好学，其蔽
yě zéi hào zhí bú hào xué gòng bì yě jiǎo hào yǒng bú hào xué
也贼；好直不好学，共蔽也绞；好勇不好学，
qí bì yě luàn hào gāng bú hào xué qí bì yě kuáng
其蔽也乱；好刚不好学，其蔽也狂。”

zǐ yuē xiǎo zǐ hé mò xué fú shī shī kě yǐ xīng
17.9 子曰：“小子何莫学夫诗？诗，可以兴，
kě yǐ guān kě yǐ qún kě yǐ yuàn ěr zhī shì fù yuǎn zhī
可以观，可以群，可以怨。迩之事父，远之
shì jūn duō shí yú niǎo shòu cǎo mù zhī míng
事君；多识于鸟兽草木之名。”

zǐ wèi bó yú yuē rǔ wéi zhōu nán zhào nán
17.10 子谓伯鱼曰：“女为《周南》《召南》
yǐ hū rén ér bù wéi zhōu nán shào nán qí yóu zhèng
矣乎？人而不为《周南》《召南》，其犹正
qiáng miàn ér lì yě yú
墙面而立也与？”

zǐ yuē lǐ yún lǐ yún yù bó yún hū zāi yuè yún yuè
17.11 子曰：“礼云礼云，玉帛云乎哉？乐云乐
yún zhōng gǔ yún hū zāi
云，钟鼓云乎哉？”

zǐ yuē sè lì ér nèi rěn pì zhū xiǎo rén qí yóu
17.12 子曰：“色厉而内荏，譬诸小人，其犹
chuān yú zhī dào yě yú
穿窬之盗也与？”

zǐ yuē xiāng yuàn dé zhī zéi yě
17.13 子曰：“乡原，德之贼也。”

zǐ yuē dào tīng ér tú shuō dé zhī qì yě
17.14 子曰："道听而涂说，德之弃也。"

zǐ yuē bǐ fū kě yǔ shì jūn yě yú zāi qí wèi dé zhī
17.15 子曰："鄙夫可与事君也与哉？其未得之
yě huàn dé zhī jì dé zhī huàn shī zhī gǒu huàn shī zhī
也，患得之。既得之，患失之。苟患失之，
wú suǒ bú zhì yǐ
无所不至矣。"

zǐ yuē gǔ zhě mín yǒu sān jí jīn yě huò shì zhī wú
17.16 子曰："古者民有三疾，今也或是之亡
yě gǔ zhī kuáng yě sì jīn zhī kuáng yě dàng gǔ zhī jīn yě lián
也。古之狂也肆，今之狂也荡；古之矜也廉，
jīn zhī jīn yě fèn lì gǔ zhī yú yě zhí jīn zhī yú yě zhà ér
今之矜也忿戾；古之愚也直，今之愚也诈而
yǐ yǐ
已矣。"

zǐ yuē qiǎo yán lìng sè xiǎn yǐ rén
17.17 子曰："巧言令色，鲜矣仁。"

zǐ yuē wù zǐ zhī duó zhū yě wù zhèng shēng zhī
17.18 子曰："恶紫之夺朱也，恶郑声之
luàn yǎ yuè yě wù lì kǒu zhī fù bāng jiā zhě
乱雅乐也，恶利口之覆邦家者。"

zǐ yuē yú yù wú yán zǐ gòng yuē zǐ rú bù
17.19 子曰："予欲无言。"子贡曰："子如不
yán zé xiǎo zǐ hé shù yān zǐ yuē tiān hé yán zāi sì
言，则小子何述焉？"子曰："天何言哉？四
shí xíng yān bǎi wù shēng yān tiān hé yán zāi
时行焉，百物生焉，天何言哉？"

rú bēi yù jiàn kǒng zǐ kǒng zǐ cí yǐ jí jiāng mìng zhě chū
17.20 孺悲欲见孔子，孔子辞以疾。将命者出
hù qǔ sè ér gē shǐ zhī wén zhī
户，取瑟而歌，使之闻之。

zǎi wǒ wèn sān nián zhī sāng qī yǐ jiǔ yǐ jūn zǐ
17.21 宰我问："三年之丧，期已久矣。君子
sān nián bù wéi lǐ lǐ bì huài sān nián bù wéi yuè yuè bì
三年不为礼，礼必坏；三年不为乐，乐必

bēng jiù gǔ jì mò xīn gǔ jì shēng zuàn suì gǎi huǒ qī kě
崩。旧谷既没，新谷既升，钻燧改火，期可
yǐ yǐ
已矣。”

zǐ yuē shí fú dào yì fú jǐn yú rǔ ān hū
子曰：“食夫稻，衣夫锦，于女安乎？”
yuē ān rǔ ān zé wéi zhī fú jūn zǐ zhī jū
曰：“安。”“女安，则为之！夫君子之居
sāng shí zhǐ bù gān wén yuè bú lè jū chù bù ān gù bù
丧，食旨不甘，闻乐不乐，居处不安，故不
wéi yě jīn rǔ ān zé wéi zhī
为也。今女安，则为之！”

zǎi wǒ chū zǐ yuē yú zhī bù rén yě zǐ shēng sān
宰我出。子曰：“予之不仁也！子生三
nián rán hòu miǎn yú fù mǔ zhī huái fú sān nián zhī sāng tiān xià
年，然后免于父母之怀。夫三年之丧，天下
zhī tōng sāng yě yú yě yǒu sān nián zhī ài yú qí fù mǔ hū
之通丧也，予也有三年之爱于其父母乎！”

zǐ yuē bǎo shí zhōng rì wú suǒ yòng xīn nán yǐ zāi
17.22 子曰：“饱食终日，无所用心，难矣哉！
bù yǒu bó yì zhě hū wéi zhī yóu xián hū yǐ
不有博弈者乎？为之，犹贤乎已。”

zǐ lù yuē jūn zǐ shàng yǒng hū zǐ yuē jūn zǐ
17.23 子路曰：“君子尚勇乎？”子曰：“君子
yì yǐ wéi shàng jūn zǐ yǒu yǒng ér wú yì wéi luàn xiǎo rén yǒu yǒng
义以为上，君子有勇而无义为乱，小人有勇
ér wú yì wéi dào
而无义为盗。”

zǐ gòng yuē jūn zǐ yì yǒu wù hū zǐ yuē
17.24 子贡曰：“君子亦有恶乎？”子曰：
yǒu wù wù chēng rén zhī è zhě wù jū xià liú ér shàn shàng
“有恶：恶称人之恶者，恶居下流而讪上
zhě wù yǒng ér wú lǐ zhě wù guǒ gǎn ér zhì zhě
者，恶勇而无礼者，恶果敢而窒者。”

yuē cì yě yì yǒu wù hū wù jiǎo yǐ wéi zhì
曰：“赐也亦有恶乎？”“恶徼以为知

zhě wù bú xùn yǐ wéi yǒng zhě wù jié yǐ wéi zhí zhě
者，恶不孙以为勇者，恶讦以为直者。”

zǐ yuē wéi nǚ zǐ yǔ xiǎo rén wéi nán yǎng yě jìn zhī zé
17.25 子曰：“唯女子与小人为难养也，近之则
bú xùn yuǎn zhī zé yuàn
不孙，远之则怨。”

zǐ yuē nián sì shí ér jiàn wù yān qí zhōng yě yǐ
17.26 子曰：“年四十而见恶焉，其终也已。”

wēi zǐ piān dì shí bā
微子篇第十八

wēi zǐ qù zhī jī zǐ wéi zhī nú bǐ gān jiàn ér sǐ kǒng
18.1 微子去之，箕子为之奴，比干谏而死。孔
zǐ yuē yīn yǒu sān rén yān
子曰：“殷有三仁焉。”

liǔ xià huì wéi shì shī sān chù rén yuē zǐ wèi kě
18.2 柳下惠为士师，三黜。人曰：“子未可
yǐ qù hū yuē zhí dào ér shì rén yān wǎng ér bù sān
以去乎？”曰：“直道而事人，焉往而不三
chù wǎng dào ér shì rén hé bì qù fù mǔ zhī bāng
黜？枉道而事人，何必去父母之邦？”

qí jǐng gōng dài kǒng zǐ yuē ruò jì shì zé wú bù néng
18.3 齐景公待孔子曰：“若季氏，则吾不能；
yǐ jì mèng zhī jiān dài zhī yuē wú lǎo yǐ bù néng yòng
以季、孟之间待之。”曰：“吾老矣，不能用
yě kǒng zǐ xíng
也。”孔子行。

qí rén kuì nǚ yuè jì huán zǐ shòu zhī sān rì bù cháo kǒng
18.4 齐人归女乐，季桓子受之，三日不朝，孔
zǐ xíng
子行。

chǔ kuáng jiē yú gē ér guò kǒng zǐ yuē fèng xī fèng xī hé
18.5 楚狂接舆歌而过孔子曰：“凤兮凤兮！何

dé zhī shuāi wǎng zhě bù kě jiàn lái zhě yóu kě zhuī yǐ ér
德之衰？往者不可谏，来者犹可追。已而，
yǐ ér jīn zhī cóng zhèng zhě dài ér
已而！今之从政者殆而！”

kǒng zǐ xià yù yǔ zhī yán qū ér bì zhī bù dé yǔ
孔子下，欲与之言。趋而辟之，不得与
zhī yán
之言。

cháng jǔ jié nì ǒu ér gēng kǒng zǐ guò zhī shǐ zǐ lù wèn
18.6 长沮、桀溺耦而耕，孔子过之，使子路问
jīn yān cháng jǔ yuē fú zhí yú zhě wéi shuí zǐ lù yuē
津焉。长沮曰：“夫执舆者为谁？”子路曰：
wéi kǒng qiū yuē shì lǔ kǒng qiū yú yuē shì
“为孔丘。”曰：“是鲁孔丘与？”曰：“是
yě yuē shì zhī jīn yǐ
也。”曰：“是知津矣。”

wèn yú jié nì jié nì yuē zǐ wéi shuí yuē
问于桀溺。桀溺曰：“子为谁？”曰：
wéi zhòng yóu yuē shì lǔ kǒng qiū zhī tú yú duì
“为仲由。”曰：“是鲁孔丘之徒与？”对
yuē rán yuē tāo tāo zhě tiān xià jiē shì yě ér shuí
曰：“然。”曰：“滔滔者天下皆是也，而谁
yǐ yì zhī qiě ér yǔ qí cóng bì rén zhī shì yě qǐ ruò cóng bì
以易之？且而与其从辟人之士也，岂若从辟
shì zhī shì zāi yōu ér bú chuò
世之士哉？”耰而不辍。

zǐ lù xíng yǐ gào fū zǐ wǔ rán yuē niǎo shòu bù kě yǔ
子路行以告。夫子怃然曰：“鸟兽不可与
tóng qún wú fēi sī rén zhī tú yǔ ér shuí yǔ tiān xià yǒu dào
同群，吾非斯人之徒与而谁与？天下有道，
qiū bù yǔ yì yě
丘不与易也。”

zǐ lù cóng ér hòu yù zhàng rén yǐ zhàng hè diào zǐ lù wèn
18.7 子路从而后，遇丈人，以杖荷蓧。子路问
yuē zǐ jiàn fū zǐ hū zhàng rén yuē sì tǐ bù qín
曰：“子见夫子乎？”丈人曰：“四体不勤，

wǔ gǔ bù fēn shú wéi fū zǐ zhí qí zhàng ér yún
五穀不分。孰为夫子？”植其杖而芸。

zǐ lù gǒng ér lì zhǐ zǐ lù sù shā jī wéi shǔ ér shí
子路拱而立。止子路宿，杀鸡为黍而食
zhī jiàn qí èr zǐ yān míng rì zǐ lù xíng yǐ gào zǐ yuē
之，见其二子焉。明日，子路行以告。子曰：
yǐn zhě yě shǐ zǐ lù fǎn jiàn zhī zhì zé xíng yǐ zǐ
“隐者也。”使子路反见之。至，则行矣。子
lù yuē bú shì wú yì zhǎng yòu zhī jié bù kě fèi yě
路曰：“不仕无义。长幼之节，不可废也；
jūn chén zhī yì rú zhī hé qí fèi zhī yù jié qí shēn ér luàn
君臣之义，如之何其废之？欲洁其身，而乱
dà lún jūn zǐ zhī shì yě xíng qí yì yě dào zhī bù xíng
大伦。君子之仕也，行其义也。道之不行，
yǐ zhī zhī yǐ
已知之矣。”

yì mín bó yí shū qí yú zhòng yí yì zhū zhāng
18.8 逸民：伯夷、叔齐、虞仲、夷逸、朱张、
liǔ xià huì shào lián zǐ yuē bù jiàng qí zhì bù rǔ qí
柳下惠、少连。子曰：“不降其志，不辱其
shēn bó yí shū qí yú wèi liǔ xià huì shào
身，伯夷、叔齐与！”谓：“柳下惠、少
lián jiàng zhì rǔ shēn yǐ yán zhòng lún xíng zhòng lǜ qí sī ér
连，降志辱身矣，言中伦，行中虑，其斯而
yǐ yǐ wèi yú zhòng yí yì yǐn jū fàng yán shēn zhòng
已矣。”谓：“虞仲、夷逸，隐居放言，身中
qīng fèi zhòng quán wǒ zé yì yú shì wú kě wú bù kě
清，废中权。我则异于是，无可无不可。”

tài shī zhì shì qí yà fàn gān shì chǔ sān fàn liáo shì cài
18.9 大师挚适齐，亚饭干适楚，三饭缭适蔡，
sì fàn quē shì qín gǔ fāng shū rù yú hé bō táo wǔ rù yú hàn
四饭缺适秦，鼓方叔入于河，播鼗武入于汉，
shào shī yáng jī qìng xiāng rù yú hǎi
少师阳、击磬襄入于海。

zhōu gōng wèi lǔ gōng yuē jūn zǐ bù chí qí qīn bù shǐ
18.10 周公谓鲁公曰：“君子不施其亲，不使

dà chén yuàn hū bù yǐ gù jiù wú dà gù zé bú qì yě wú
大臣怨乎不以。故旧无大故，则不弃也。无
qiú bèi yú yì rén
求备于一人！”

zhōu yǒu bā shì bó dá bó kuò zhòng tū zhòng hū
18.11 周有八士：伯达、伯适、仲突、仲忽、
shū yè shū xià jì suí jì guā
叔夜、叔夏、季随、季騧。

zǐ zhāng piān dì shí jiǔ
子张篇第十九

zǐ zhāng yuē shì jiàn wēi zhì mìng jiàn dé sī yì jì sī
19.1 子张曰：“士见危致命，见得思义，祭思
jìng sāng sī āi qí kě yǐ yǐ
敬，丧思哀，其可已矣。”

zǐ zhāng yuē zhí dé bù hóng xìn dào bù dǔ yān néng wéi
19.2 子张曰：“执德不弘，信道不笃，焉能为
yǒu yān néng wéi wú
有？焉能为亡？”

zǐ xià zhī mén rén wèn jiāo yú zǐ zhāng zǐ zhāng yuē zǐ xià
19.3 子夏之门人问交于子张。子张曰：“子夏
yún hé
云何？”

duì yuē zǐ xià yuē kě zhě yǔ zhī qí bù kě zhě
对曰：“子夏曰：‘可者与之，其不可者
jù zhī
拒之。’”

zǐ zhāng yuē yì hū wú suǒ wén jūn zǐ zūn xián ér róng
子张曰：“异乎吾所闻。君子尊贤而容
zhòng jiā shàn ér jīn bù néng wǒ zhī dà xián yú yú rén hé suǒ
众，嘉善而矜不能。我之大贤与，于人何所
bù róng wǒ zhī bù xián yú rén jiāng jù wǒ rú zhī hé qí jù
不容？我之不贤与，人将拒我，如之何其拒
rén yě
人也？”

zǐ xià yuē suī xiǎo dào bì yǒu kě guān zhě yān zhì yuǎn
19.4 子夏曰："虽小道，必有可观者焉，致远
kǒng ní shì yǐ jūn zǐ bù wéi yě
恐泥，是以君子不为也。"

zǐ xià yuē rì zhī qí suǒ wú yuè wú wàng qí suǒ néng
19.5 子夏曰："日知其所亡，月无忘其所能，
kě wèi hào xué yě yǐ yǐ
可谓好学也已矣。"

zǐ xià yuē bó xué ér dǔ zhì qiè wèn ér jìn sī rén
19.6 子夏曰："博学而笃志，切问而近思，仁
zài qí zhōng yǐ
在其中矣。"

zǐ xià yuē bǎi gōng jū sì yǐ chéng qí shì jūn zǐ xué yǐ
19.7 子夏曰："百工居肆以成其事，君子学以
zhì qí dào
致其道。"

zǐ xià yuē xiǎo rén zhī guò yě bì wén
19.8 子夏曰："小人之过也必文。"

zǐ xià yuē jūn zǐ yǒu sān biàn wàng zhī yǎn rán jí zhī
19.9 子夏曰："君子有三变：望之俨然，即之
yě wēn tīng qí yán yě lì
也温，听其言也厉。"

zǐ xià yuē jūn zǐ xìn ér hòu láo qí mín wèi xìn
19.10 子夏曰："君子信而后劳其民；未信，
zé yǐ wéi lì jǐ yě xìn ér hòu jiàn wèi xìn zé yǐ wéi bàng
则以为厉己也。信而后谏；未信，则以为谤
jǐ yě
己也。"

zǐ xià yuē dà dé bù yú xián xiǎo dé chū rù
19.11 子夏曰："大德不逾闲，小德出入
kě yě
可也。"

zǐ yóu yuē zǐ xià zhī mén rén xiǎo zǐ dāng sǎ sǎo yìng duì
19.12 子游曰："子夏之门人小子，当洒扫应对
jìn tuì zé kě yǐ yì mò yě běn zhī zé wú rú zhī hé
进退，则可矣，抑末也。本之则无，如之何？"

zǐ xià wén zhī yuē yī yán yóu guò yǐ jūn zǐ zhī
子夏闻之，曰：“噫！言游过矣！君子之
dào shú xiān chuán yān shú hòu juàn yān pì zhū cǎo mù qū yǐ
道，孰先传焉？孰后倦焉？譬诸草木，区以
bié yǐ jūn zǐ zhī dào yān kě wū yě yǒu shǐ yǒu zú zhě
别矣。君子之道，焉可诬也？有始有卒者，
qí wéi shèng rén hū
其惟圣人乎！”

zǐ xià yuē shì ér yōu zé xué xué ér yōu zé shì
19.13 子夏曰：“仕而优则学，学而优则仕。”

zǐ yóu yuē sāng zhì hū āi ér zhǐ
19.14 子游曰：“丧致乎哀而止。”

zǐ yóu yuē wú yǒu zhāng yě wéi nán néng yě rán ér
19.15 子游曰：“吾友张也为难能也，然而
wèi rén
未仁。”

zēng zǐ yuē táng táng hū zhāng yě nán yǔ bìng wéi
19.16 曾子曰：“堂堂乎张也，难与并为
rén yǐ
仁矣。”

zēng zǐ yuē wú wén zhū fū zǐ rén wèi yǒu zì zhì zhě
19.17 曾子曰：“吾闻诸夫子：人未有自致者
yě bì yě qīn sàng hū
也，必也亲丧乎！”

zēng zǐ yuē wú wén zhū fū zǐ mèng zhuāng zǐ zhī xiào
19.18 曾子曰：“吾闻诸夫子：孟庄子之孝
yě qí tā kě néng yě qí bù gǎi fù zhī chén yǔ fù zhī zhèng
也，其他可能也，其不改父之臣与父之政，
shì nán néng yě
是难能也。”

mèng shì shǐ yáng fū wéi shì shī wèn yú zēng zǐ zēng zǐ yuē
19.19 孟氏使阳肤为士师，问于曾子。曾子曰：
shàng shī qí dào mín sàn jiǔ yǐ rú dé qí qíng zé āi jīn ér
“上失其道，民散久矣。如得其情，则哀矜而
wù xǐ
勿喜！”

zǐ gòng yuē zhòu zhī bú shàn bù rú shì zhī shèn yě shì
19.20 子贡曰："纣之不善，不如是之甚也。是
yǐ jūn zǐ wù jū xià liú tiān xià zhī è jiē guī yān
以君子恶居下流，天下之恶皆归焉。"

zǐ gòng yuē jūn zǐ zhī guò yě rú rì yuè zhī shí yān
19.21 子贡曰："君子之过也，如日月之食焉：
guò yě rén jiē jiàn zhī gēng yě rén jiē yǎng zhī
过也，人皆见之；更也，人皆仰之。"

wèi gōng sūn cháo wèn yú zǐ gòng yuē zhòng ní yān xué zǐ
19.22 卫公孙朝问于子贡曰："仲尼焉学？"子
gòng yuē wén wǔ zhī dào wèi zhuì yú dì zài rén xián zhě shí
贡曰："文武之道，未坠于地，在人。贤者识
qí dà zhě bù xián zhě shí qí xiǎo zhě mò bù yǒu wén wǔ zhī dào
其大者，不贤者识其小者。莫不有文武之道
yān fū zǐ yān bù xué ér yì hé cháng shī zhī yǒu
焉。夫子焉不学？而亦何常师之有？"

shū sūn wǔ shū yù dà fū yú cháo yuē zǐ gòng xián yú
19.23 叔孙武叔语大夫于朝曰："子贡贤于
zhòng ní
仲尼。"

zǐ fú jǐng bó yǐ gào zǐ gòng
子服景伯以告子贡。

zǐ gòng yuē pì zhī gōng qiáng cì zhī qiáng yě jí jiān
子贡曰："譬之宫墙，赐之墙也及肩，
kuī jiàn shì jiā zhī hǎo fū zǐ zhī qiáng shù rèn bù dé qí mén ér
窥见室家之好。夫子之墙数仞，不得其门而
rù bú jiàn zōng miào zhī měi bǎi guān zhī fù dé qí mén zhě huò
入，不见宗庙之美，百官之富。得其门者或
guǎ yǐ fū zǐ zhī yún bú yì yí hū
寡矣。夫子之云，不亦宜乎！"

shū sūn wǔ shū huǐ zhòng ní zǐ gòng yuē wú yǐ wéi yě
19.24 叔孙武叔毁仲尼。子贡曰："无以为也！
zhòng ní bù kě huǐ yě tā rén zhī xián zhě qiū líng yě yóu kě
仲尼不可毁也。他人之贤者，丘陵也，犹可
yú yě zhòng ní rì yuè yě wú dé ér yú yān rén suī yù
逾也。仲尼，日月也，无得而逾焉。人虽欲

zì jué qí hé shāng yú rì yuè hū duō jiàn qí bù zhī liàng yě
自绝，其何伤于日月乎？多见其不知量也。”

chén zǐ qín wèi zǐ gòng yuē zǐ wéi gōng yě zhòng ní qǐ xián
19.25 陈子禽谓子贡曰：“子为恭也，仲尼岂贤
yú zǐ hū
于子乎？”

zǐ gòng yuē jūn zǐ yì yán yǐ wéi zhì yì yán yǐ wéi bù
子贡曰：“君子一言以为知，一言以为不
zhì yán bù kě bú shèn yě fū zǐ zhī bù kě jí yě yóu tiān
知，言不可不慎也。夫子之不可及也，犹天
zhī bù kě jiē ér shēng yě fū zǐ zhī dé bāng jiā zhě suǒ wèi lì
之不可阶而升也。夫子之得邦家者，所谓立
zhī sī lì dǎo zhī sī xíng suí zhī sī lái dòng zhī sī hé
之斯立，道之斯行，绥之斯来，动之斯和。
qí shēng yě róng qí sǐ yě āi rú zhī hé qí kě jí yě
其生也荣，其死也哀，如之何其可及也？”

yáo yuē piān dì èr shí
尧曰篇第二十

yáo yuē zī ěr shùn tiān zhī lì shù zài ěr gōng yǔn
20.1 尧曰：“咨！尔舜，天之历数在尔躬，允
zhí qí zhōng sì hǎi kùn qióng tiān lù yǒng zhōng
执其中。四海困穷，天禄永终。”

shùn yì yǐ mìng yǔ
舜亦以命禹。

yuē yú xiǎo zǐ lǚ gǎn yòng xuán mǔ gǎn zhāo gào yú huáng huáng
曰：“予小子履敢用玄牡，敢昭告于皇皇
hòu dì yǒu zuì bù gǎn shè dì chén bú bì jiǎn zài dì xīn
后帝：有罪不敢赦。帝臣不蔽，简在帝心。
zhèn gōng yǒu zuì wú yǐ wàn fāng wàn fāng yǒu zuì zuì zài zhèn gōng
朕躬有罪，无以万方；万方有罪，罪在朕躬。”

zhōu yǒu dà lài shàn rén shì fù suī yǒu zhōu qīn bù rú
周有大赉，善人是富。“虽有周亲，不如
rén rén bǎi xìng yǒu guò zài yú yì rén
仁人。百姓有过，在予一人。”

jǐn quán liàng　shěn fǎ dù　xiū fèi guān　sì fāng zhī zhèng xíng
谨权量，审法度，修废官，四方之政行
yān　xīng miè guó　jì jué shì　jǔ yì mín　tiān xià zhī mín guī
焉。兴灭国，继绝世，举逸民，天下之民归
xīn yān
心焉。

suǒ zhòng　mín　shí　sāng　jì
所重：民、食、丧、祭。

kuān zé dé zhòng　xìn zé mín rèn yān　mǐn zé yǒu gōng　gōng
宽则得众，信则民任焉，敏则有功，公
zé yuè
则说。

zǐ zhāng wèn yú kǒng zǐ yuē　hé rú sī kě yǐ cóng
20.2 子张问于孔子曰：“何如斯可以从
zhèng yǐ
政矣？”

zǐ yuē　zūn wǔ měi　bǐng sì è　sī kě yǐ cóng
子曰：“尊五美，屏四恶，斯可以从
zhèng yǐ
政矣。”

zǐ zhāng yuē　hé wèi wǔ měi
子张曰：“何谓五美？”

zǐ yuē　jūn zǐ huì ér bù fèi　láo ér bù yuàn　yù ér
子曰：“君子惠而不费，劳而不怨，欲而
bù tān　tài ér bù jiāo　wēi ér bù měng
不贪，泰而不骄，威而不猛。”

zǐ zhāng yuē　hé wèi huì ér bú fèi
子张曰：“何谓惠而不费？”

zǐ yuē　yīn mín zhī suǒ lì ér lì zhī　sī bú yì huì ér
子曰：“因民之所利而利之，斯不亦惠而
bú fèi hū　zé kě láo ér láo zhī　yòu shuí yuàn　yù rén ér dé
不费乎？择可劳而劳之，又谁怨？欲仁而得
rén　yòu yān tān　jūn zǐ wú zhòng guǎ　wú xiǎo dà　wú gǎn màn
仁，又焉贪？君子无众寡，无小大，无敢慢，
sī bú yì tài ér bù jiāo hū　jūn zǐ zhèng qí yī guān　zūn qí zhān
斯不亦泰而不骄乎？君子正其衣冠，尊其瞻

shì yǎn rán rén wàng ér wèi zhī sī bú yì wēi ér bù měng hū
视，俨然人望而畏之，斯不亦威而不猛乎？”

zǐ zhāng yuē hé wèi sì è
子张曰：“何谓四恶？”

zǐ yuē bú jiào ér shā wèi zhī nüè bú jiè shì chéng wèi zhī
子曰：“不教而杀谓之虐；不戒视成谓之
bào màn lìng zhì qī wèi zhī zéi yóu zhī yǔ rén yě chū nà zhī
暴；慢令致期谓之贼；犹之与人也，出纳之
lìn wèi zhī yǒu sī
吝谓之有司。”

zǐ yuē bù zhī mìng wú yǐ wéi jūn zǐ yě bù zhī
20.3 子曰：“不知命，无以为君子也。不知
lǐ wú yǐ lì yě bù zhī yán wú yǐ zhī rén yě
礼，无以立也；不知言，无以知人也。”

论语好好读

立志篇

刘光成　曲君伟　兰　婧/编著

中国轻工业出版社

目录

三军可夺帅也，匹夫不可夺志也。

1.

和谐，让世界更美好

战国时期，赵王得到了一件无价之宝——和氏璧（bì）。秦王知道了，派人去见赵王，说愿意用十五座城池交换这块璧。

赵王知道秦王只是想把和氏璧占为己有，根本没有用城池来交换的诚意。秦国之前已经用过这样的手段，秦王曾派张仪出使楚国，自称愿意割让六百里商於（yú）之地，让楚国和齐国断交。事后，秦国并没有兑现承诺，张仪甚至还声称只许给楚国六里地。

赵王想拒绝秦王的要求，又担心强大的秦军前来攻打赵国。左右为难的时候，有人推荐蔺（lìn）相如来解决这个难题。

蔺相如临危受命，带着和氏璧来到秦国。他借口和氏璧是无价之宝，要秦王举行隆重的典礼，才能完成交易。秦王只好

与他约定典礼日期。蔺相如趁机让人将和氏璧悄悄送回了赵国。到了典礼那天，蔺相如见到秦王，说："和氏璧已经被我送回赵国了，您如果真想换，先把十五座城交给赵国，我们就马上把和氏璧送来秦国。否则，就算您杀了我，也得不到和氏璧。而且从此天下人都会知道秦国不讲信用。"

秦王十分恼怒，但也无可奈何，只好放蔺相如回赵国。这就是"完璧归赵"的故事。

蔺相如为赵国立了大功，赵王封他为上大夫，后来又官至上卿，职位比功勋卓著的大将军廉（lián）颇（pō）还高。廉颇心中不服气，对别人说："我廉颇攻无不克战无不胜，为赵国屡立大功。他蔺相如就靠耍耍嘴皮子，官位居然比我还高，要是让我碰见他，非得好好羞辱他！"

这些话传到了蔺相如的耳朵里，他开始称病不上朝，避免跟廉颇见面。

一天，蔺相如坐在车上，远远地看见廉颇，就赶紧命车夫掉头。手下的人看不过去，问蔺相如为何见了廉颇像老鼠见了猫那么害怕。

蔺相如问他们：“廉将军和秦王比，谁厉害？”

这些人说：“当然是秦王厉害。”

蔺相如说：“秦王我都不怕，难道会怕廉将军吗？秦王之所以不敢进攻我们赵国，就因为我国武有廉颇，文有蔺相如。如果我们不能和谐相处，秦国必定趁机前来攻打我们。我不是惧怕廉将军，而是为了赵国的安危着想。”

后来，廉颇听说了蔺相如这番话，惭愧不已。他脱下自己的战袍，背着长满尖刺的荆条，到蔺相如家门前请罪。从此以后，他们二人成为生死之交。

这便是“将相和”的千古佳话和成语“负荆请罪”的由来。蔺相如和廉颇的故事，正是孔子所倡导的“礼之用，和为贵”的生动体现。

曾经有人来问孔子，崇尚礼法的最终目的是什么。孔子让弟子有若来回答。有若回答说：“礼之用，和为贵。”意思是，礼法中最重要的是和谐，只有每个人都严守自己的本分，做好自己的事情，遵循“以和为贵”的原则，世界才会更加美好。

对此，孔子点头称赞，深以为然。

读《论语》学道理

原文

yǒu zǐ yuē lǐ zhī yòng hé wéi guì xiān
有子曰：“礼之用，和为贵。先
wáng zhī dào sī wéi měi xiǎo dà yóu zhī yǒu
王之道①，斯②为美；小大由之。有
suǒ bù xíng zhī hé ér hé bù yǐ lǐ jié zhī
所不行，知和而和，不以礼节③之，
yì bù kě xíng yě
亦不可行也。”

——《论语·学而篇第一》

注释

1. **先王之道：**指孔子之前的尧、舜、禹、汤、文、武等古代帝王的治世之道。史学界认为，孔子的思想继承自这些先王。
2. **斯：**这、此的意思。
3. **礼节：**用礼法来约束。

译文

有子说：“礼法的应用，应以和谐为贵。古代贤明帝王的治国方法，最宝贵的地方就在这里。不论大事和小事都要追求和谐，有时候会行不通。只是为了和谐而和谐，而不用礼法来节制，也是行不通的。”

知识拓展

和氏璧

《史记》中称和氏璧是天下共传的宝物。

据说在春秋时期，楚国有一位名叫卞(biàn)和的人，在大山之中得到一块璞(pú)玉(未经雕琢的玉)。卞和将璞玉献给楚厉王，而王宫的工匠却认为这只不过是一块普通的石头。楚厉王大怒，命人砍掉了卞和的左脚。

楚厉王死后，武王即位，卞和又要把璞玉献给武王，楚武王派工匠查看，依然认为是一块普通的石头，卞和又被砍去右脚。

楚武王死后，文王即位，卞和抱着这块璞玉在楚山下痛哭了三天三夜，眼泪流干了，眼睛里流出血来。楚文王听说后，派人询问他原因，卞和哭着说：“我并不是因为自己失去了双脚悲伤，而是因为这块举世无双的宝玉被人当成了石头，一位忠心的人被认为是欺君之徒而痛哭。”楚文王命人剖开这块璞玉，发现里面果然是一块稀世宝玉，于是将其命名为和氏璧。

后来，秦国统一六国，和氏璧最终还是落到了秦始皇的手中。他把和氏璧雕琢成传国玉玺(xǐ)，期待它永传后世，和氏璧也成为皇权的象征。

秦朝末年，刘邦攻入都城咸阳，秦王子婴投降，并将玉玺献给刘邦。此后和氏璧几经辗转，传到了唐朝天子手中。五代十国时期，天下大乱，和氏璧在战乱中不知所终。

读《论语》学成语

释义

以和为贵：把和睦、和平相处当作为人处世的重要标准，比喻珍惜和平共处的机会。

例句

在团结友爱的班集体中，同学们应当彼此关心，遇到矛盾的时候要相互体谅，以和为贵。

小小思想家

在公交车上，看到老弱病残人士就主动让座；过马路时，扶起摔倒的小孩，这都是生活中体现出的和谐。人与人之间的和谐，有时只是一个动作，有时只是多说一个“请”或者“谢谢”。和谐有很多种，只要我们用心去感受，就会发现，它其实就在我们身边。

2.

要努力成为一位博学多才的君子

有一次，孔子和弟子在一起讨论“君子”这个话题。孔子耐心地听着弟子们辩论，最后总结说“君子不器”。孔子认为，真正的君子应该博学多才，全面发展，不能仅仅只发展某一方面的才能。

古代的“器”，指的是器具或工具，具有特定的用途，这里代指“技艺”。在这句话中，孔子点出了什么是真正的“君子”。孔子提倡弟子们学习“六艺”，即礼、乐、射、御、书、数，就是为了让弟子们学习思想、文化、军事等多方面的知识，而不只局限于某个方面。这种教育方法，使得孔子门下人才济济：有德行高尚的颜回，有善于经营的子贡，有文武双全的子夏，还有擅长治国的子路……他们都是全面发展的“君子”。

读《论语》学道理

原文

zǐ yuē　jūn zǐ bú qì
子曰：“君子不器①。”

——《论语·为政篇第二》

注释

① **器**：器具，器皿。

译文

孔子说：“真正的君子不能像器皿一般，只有单一的用途。”

小小故事会

多才多艺的冉求

说到“君子不器”，就不得不提到冉求。冉求，字子有，人称“冉有”，或尊称为“冉子”。他是鲁国人，春秋末年著名的学者，孔门十哲之一，多才多艺。

冉求具有卓越的军事才能，这与他跟随孔子学习不无关系。历史记载，冉求擅长投掷长矛和驾驭车马。

青年时期的冉求曾做过鲁国贵族季氏的家臣。公元前484年，冉求率领军队抵抗入侵的齐军，他身先士卒、冲锋陷阵，用长矛突击的独特战术，取得了战争的胜利。

冉求还善于理财。当时鲁国由季孙、叔孙、孟孙三家贵族把持朝政大权，君主鲁定公反而被架空，没有实权。其中，冉求辅佐的季氏更是大权在握，冉求因出色的经营管理才能，成为季氏的大总管。

冉求还具有改革精神。公元前594年，他主持鲁国的经济工作，改革田赋制度，增加税收，帮助季氏聚集了大量的财富。孔子不赞成冉求这种行为，批评了他。

尽管如此，冉求在孔门弟子中还是非常出色的，孔子也很欣赏他，经常夸奖他，并用“冉求之艺”作为多才多艺的代表。如此看来，冉求十分符合“君子不器”的标准，孔子对他的才艺方面非常满意。

读《论语》学成语

释义

君子不器：君子不能够像器具那样，把自己的作用仅仅局限于某一方面。

例句

孔子说：君子不器，这句话提醒我们不要偏科，应当全面发展。

小小思想家

兔子是短跑能手，但它不会游泳；狮子和老虎在森林里称王称霸，但到了水里，鳄鱼或许才是王者。人生也是如此，生存所需要的本领不止一种，除了要有一技之长外，还需要让自己掌握一些其他的技能，做到全面发展。

3.

说话时要考虑别人的感受

先秦时期，各诸侯国都要建造祭祀(sì)土地神的庙，庙里用树木做成土地神的牌位，称为“社”。

一天，鲁哀公问孔子的学生宰我：“社，能用什么树木来制作呢？”

宰我回答说：“夏朝通常使用松木，殷朝通常使用柏木，周朝则使用栗木。”

宰我似乎担心解释得不够清楚，怕鲁哀公听不明白，又加了一句：“使用栗木也是有讲究的，‘栗’字的谐音是使人民战栗，不敢造次。”

可以想象，鲁哀公听了宰我的话之后感受并不好：难道周朝用栗木做社木，就是为了使人害怕吗？

孔子听说后，教育宰我说：“宰我！对于过去的事，不能老是揪住不放……”

孔子为何会这么说呢？原来宰我性格直率、心直口快，他将周朝礼仪里那些“愚弄民众”的行为毫不客气地揭露出来。但是站在他面前的鲁哀公，是制定周礼的周公后人。孔子也致力于恢复周礼，听了这些话，难免会不舒服，只好说：“已经过去的事，就不要再追究了。”

读《论语》学道理

原文

āi gōng wèn shè yú zǎi wǒ zǎi wǒ duì
哀 公 问 社 ① 于 宰 我 。宰 我 对

yuē xià hòu shì yǐ sōng yīn rén yǐ bǎi zhōu
曰 ：“ 夏 后 氏 以 松 ，殷 人 以 柏 ，周

rén yǐ lì yuē shǐ mín zhàn lì zǐ wén zhī
人 以 栗 ，曰 ，使 民 战 栗 。” 子 闻 之 ，

yuē chéng shì bù shuō suì shì bú jiàn jì wǎng
曰 ：“ 成 事 不 说 ，遂 事 不 谏 ，既 往

bú jiù
不 咎 。”

——《论语 · 八佾篇第三》

注释

❶ **社：**古代的土地神叫作“社”，供奉土地神的庙宇也可称为“社”。鲁哀公所问的“社”，应该是指古代为土地神立的那个木制的牌位。

译文

鲁哀公向宰我请教社木的问题。宰我回答说：“夏朝通常使用松木，殷朝通常使用柏木，周朝则使用栗木，意思是使人民战栗，不敢造次。”孔子听后，对宰我说：“已经做过的事就不要总是提起了，已经完成的事哪怕是错的也不要再劝谏了，已经过去的事就不要再去追究了。”

知识拓展

特立独行的宰我

宰我，姬姓，宰氏，名予，“子我”是他的字。春秋末期鲁国人，著名的思想家，孔门弟子，孔门十哲之一。宰我能言善辩，曾跟随孔子周游列国。

宰我为人耿直，不受礼法所限。据说他跟随孔子去齐国时，恰好齐景公的宠臣梁丘据被毒蛇咬伤。梁丘据受伤后，好长时间才痊愈。孔子朝见齐景公的时候，正是梁丘据回到朝堂处理政事的第一天。大臣们都上前祝贺，争相进献治疗蛇毒的药方。宰我冷眼旁观，说：“你们这个时候献药方，是希望梁大夫再被毒蛇咬伤一次吗？”众人尴尬不已。

还有一次，孔子师徒路过以前商朝的国都朝歌。众人都觉得这里不吉利，只想赶快离开，只有宰我扭头很有兴致地观看风景，结果被性格暴躁的子路踹下了马车。

宰我是较早追随孔子的学生之一，孔子很欣赏这位学生的辩才，曾经派遣他出使齐国和楚国。不过，宰我年轻时在孔子讲课的时候打瞌睡，孔子也曾直言不讳地骂他“朽木不可雕也”。

读《论语》学成语

释义

既往不咎：原意是指已经做完或结束的事，就不必再去追究了。现在指对过去的错误不再追究。

例句

犯了错的同学，只要好好反思，改正错误，我们就既往不咎。

小小思想家

我们说话时一定要注意分寸和场合。在说话前，多思考一下，学会站在对方的立场上思考问题，这样就能减少很多不愉快的事情发生。

4.

知其不可而为之

孔子的一生，并不是一帆风顺的。在三十岁之前，他只是仓库管理员、养马吏一类的小官，始终没有得到重用。鲁国发生内乱后，孔子逃往齐国，但齐国国君齐景公在晏婴的影响下，也没有重用孔子。

等到鲁国的局势稳定后，孔子再次回到自己的祖国，等待机会。直到公元前 501 年，年过五十的孔子才受到鲁国执政的季氏聘任，出任了地方官中都宰。孔子的政绩很好，不久就升任为大司寇，甚至暂时拥有了相国的大权。

但是，由于与鲁国贵族三桓之间的矛盾，孔子受到了排挤。孔子意识到自己的志向不可能在鲁国实现，只好离开，走上了周游列国的道路。

后来，孔子致力于教书育人，整理典籍。纵观孔子的一生，虽然未能充分施展抱负，但他始终以孜孜不倦的精神努力追求，当时人评价他“知其不可而为之”，这正是孔子坚持真理，执着奋斗的体现。

孔子立志后，一直有一种锲而不舍的精神，努力前行，哪怕在现实中不断遇到挫折，依然坚持自己的原则，最终名扬千古。

读《论语》学道理

原文

zǐ lù sù yú shí mén chén mén yuē xī
子路宿于石门。晨门①曰：“奚

zì zǐ lù yuē zì kǒng shì yuē
自②？”子路曰：“自孔氏。”曰：

shì zhī qí bù kě ér wéi zhī zhě yú
“是知其不可而为之者与？”

——《论语·宪问篇第十四》

注释

① **晨门：**负责在早上看守城门的人。

② **奚自：**从哪里来的意思。

译文

子路在石门过夜。看守城门的人问：“你从哪里来？”子路回答说：“从孔子那里来。”看门的人说：“就是那个明知做不到，却还执意去做的人吗？”

小小故事会

蝗臂当车

春秋时期，齐庄公统治齐国长达六十四年，是执政时间最长的国君。他在位期间，采取了一系列措施，使齐国国力强大起来。

有一次，齐庄公坐着马车到田野打猎，路上发现一只虫子挡路。那只虫子举着两只镰刀般的前爪，摆出毫不退让的架势，似乎想要与面前的马车做殊死搏斗。看这小小的虫子一往无前的气势，似乎要把这马车弄翻才行。

齐庄公叫车夫停车。他自幼生长在深宫，不认识这种虫子，于是问手下的人说："这是什么虫？"

车夫回答说："大王，这叫螳螂，是虫子里面最不自量力的。它从来不考虑实力的差异，不管对手是谁，总是不打招呼就想冲上去打架。它只知道向前，不知道后退，也不懂得审时度势。"

齐庄公听了，却点头赞叹说："这虫子若生而为人，一定是天下闻名的勇士。"于是命令车夫绕道，避开这只螳螂。

齐庄公非常看重英雄，当时天下的勇士都争相过来投靠他，齐国的国力逐渐增强。最后，齐庄公的孙子齐桓公完成了霸业。

5.

少说空话，多干实事

一天，子贡请教孔子：怎样才能成为一名真正的君子？

孔子知道子贡十分聪明，反应很快，但要防止他说得多、做得少，所以孔子提醒说：“真正的君子，对于‘言’和‘行’，有着很严格的标准。有的人夸夸其谈，一到做事情便出问题。真正的君子，应先实践自己的话，然后再把这句话说出来。也就是要‘先动手，后动嘴’。”

真正的君子，要将行动摆在话语前面，不要光吹牛而不行动；有了行动，反而用不着多说。有些人志向高远，却不能在行动中实现，这也不是君子应有的行为。所以，孔子教育弟子，要多干实事，少说空话。

读《论语》学道理

原文

zǐ gòng wèn jūn zǐ zǐ yuē xiān xíng qí
子贡问君子。子曰："先行①其
yán ér hòu cóng zhī
言而后从之。"

——《论语·为政篇第二》

注释

① **行：** 这里指行事。

译文

子贡问孔子怎样才能成为一位真正的君子。孔子回答说："对于你想要说的那些话，先采取实际行动，然后再说出来，这样才是一位真正的君子。"

小小故事会

胆小如鼠的元庆和

南北朝时期，北魏官员元庆和担任东豫州刺史一职。梁国的梁武帝发兵攻打豫州，元庆和吓得瑟瑟发抖，传令所有将士放下兵器，开城投降。梁武帝兵不血刃就得到了豫州。

元庆和虽然军事能力差，但平时夸夸其谈，善于溜须拍马。他每次见到梁武帝，便会信誓旦旦地表明自己的忠心。梁武帝觉得元庆和能言善辩，误以为他是个人才，居然封他做了高官。

后来，北魏分裂成了东魏和西魏两个国家，梁武帝决定进攻东魏，命令元庆和带领梁军攻打东魏的项城。

元庆和勉强率领军队出发了。不料，大军到了项城，听说东魏派三万大军迎战，元庆和吓得魂飞天外，马上率领军队逃回梁国。

梁武帝非常生气，说："你这无耻小人，国家太平时，你夸夸其谈，仿佛口中生了一百根舌头；国家需要你的时候，却像老鼠般胆小。"于是罢免了元庆和的官职，将他发配到合浦。

小小思想家

我们和一个人相处时，不仅要听他说的话，还要看他的所作所为，看他是否言行一致。这样才能判断一个人的品性。另外，在刚开始做一件事时，不用急着四处宣扬，要先踏踏实实地去做事，等取得了成绩，自然会有人知晓。过于夸夸其谈，反而会让人反感。

6.

做一个有志向的读书人

一天，曾子对自己的弟子们说：“士不可以不弘毅，任重而道远。”意思是读书人不能没有坚强的意志，要明白自己身负重任，前路艰险。

曾子接着又问了弟子们两个问题：如果读书人立志要做一番大事业，那他身上的责任是否非常重大？立志后，要终生努力去实践理想，这条艰险之路是否又非常遥远呢？这句话当中，曾子对于“士”这个特殊群体，提出了要求。所谓的“士”，从小的方面说，指儒家弟子，或者是有理想的读书人。从大的方面说，指那些胸怀大志的人。这句话中曾子提到的“弘毅”，“弘”可以理

解为胸中包含着大格局，大志向。“毅”可以理解为坚韧的毅力，勇往直前、绝不退缩的品质。

曾子心中最理想的“士”，是为了理想不畏艰险，死而后已的人。张载的名言：“为天地立心，为生民立命，为往圣继绝学，为万世开太平”，便为曾子这句话做了完美的注解。

读《论语》学道理

原文

zēng zǐ yuē shì bù kě yǐ bù hóng yì
曾子曰：“士不可以不弘毅[1]，

rèn zhòng ér dào yuǎn rén yǐ wéi jǐ rèn bú yì
任重而道远。仁以为己任，不亦

zhòng hū sǐ ér hòu yǐ bú yì yuǎn hū
重乎？死而后已，不亦远乎？”

——《论语 · 泰伯篇第八》

注释

1 **弘毅：**弘，广大的意思。毅，刚毅的意思。弘毅，就是“强毅”，强大刚毅的意思。

译文

曾子说：“读书人不可以不强大刚毅，因为他肩负的责任重大，而且要经历艰苦卓绝的遥远路程。以实行仁道为自己的志向，难道不够重大吗？到死才能停止下来，难道不够遥远吗？”

小小故事会

立志“为万世开太平”的张载

张载是北宋著名的思想家、教育家。他少年丧父，从小就表现出不同于常人的品格。

十岁时，张载便外出学习，他博览群书，后来创立了“关学”一派。因张载后来在凤翔眉县横渠镇（今陕西宝鸡市眉县横渠镇）安家、讲学，因此世称“横渠先生”。

张载最大的成就，是为儒家弟子指明了奋斗的方向，即前文中提到的“为天地立心”“为生民立命”“为往圣继绝学”“为万世开太平”，世人称为“横渠四句”。

由于言简意赅、寓意深刻，横渠四句历来被儒家弟子当成座右铭。张载本人也以身作则，一生都在实践这四句话。

张载所在的时期，西夏国力雄厚，经常入侵宋朝边境，宋朝每年要给西夏进献大量绢、银和茶叶等物资，换得暂时的和平。张载对此十分愤慨，曾写文章《边议九条》，呈给当时主持西北防务的范仲淹，甚至打算组织民间义军，夺回被西夏侵占的土地。

后来，张载还协助渭州将领蔡挺筹划边关防务，任劳任怨、鞠躬尽瘁。

读《论语》学成语

释义

任重道远：身负着重大的责任，奋斗的路途遥远。比喻身上责任重大，要经历长期艰苦卓绝的奋斗才能实现。

例句

我们想在运动会上取得好的成绩，目前看来任重道远，我们必须坚持每天锻炼，毫不松懈。

小小思想家

每个人都应该有自己的理想和目标。但是光有理想和目标还不够，还需要坚持不懈的努力才能实现自己的理想。你的理想是什么？你打算怎样去实现自己的理想呢？想一想，写出来吧！

7.

向道德高尚的人学习

有一天，冉雍请教孔子，怎样才算是“好（hào）学”呢？

孔子回答说：“食无求饱，居无求安，敏于事而慎于言，就有道而正焉。”

孔子的话，可能有些人很不理解。春秋时期，经济很不发达，物资十分匮乏，人们经常吃不饱饭，大家都盼望着能够吃好饭、住大房子，这是十分正常的愿望。为什么孔子却反其道而行之，提倡“不要吃饱饭，不要住舒适的屋子”呢？

其实，孔子并不是反对人们追求幸福的生活，而是希望弟子要懂得控制自己的欲望，吃饭的时候不贪多，居住的条件不要太奢华，不要互相攀比。

除此之外，还要在平时多注意提升自己的修养，做事情时需要敬业、勤劳、敏捷，说话时要小心谨慎，平时要主动向别人学习，向那些道德高尚的人求教，以此规范自己的言行。这就是“好学”了。

孔子从实际出发，提出了对“好学”的要求，这个要求并不难达到。可以说，只要有一颗积极求知的心，就不难达到“好学”的境界。

读《论语》学道理

原文

zǐ yuē jūn zǐ shí wú qiú bǎo jū wú qiú
子曰：“君子食无求饱，居无求

ān mǐn yú shì ér shèn yú yán jiù yǒu dào ér
安，敏于事而慎于言，就[1]有道而

zhèng yān kě wèi hào xué yě yǐ
正[2]焉，可谓好学也已。”

——《论语·学而篇第一》

注释

❶ **就：** 看齐、接近、靠近。

❷ **有道而正：** 有道，指君子或有道德的人。正，匡正、端正的意思。

译文

孔子说："君子吃饭的时候不贪求吃太饱，居住的条件不要求太舒适，做事情时要勤劳敏捷，说话时要小心谨慎，向有道德的人求教，以匡正自己的言行，这样就可以说是好学了。"

小小故事会

"敏于事而慎于言"的顾雍

孔夫子的那句"敏于事而慎于言"，成为中国古代读书人奉行的行为标准。三国时代的顾雍，就是这方面的杰出代表。

顾雍，字元叹，吴郡吴县（今江苏苏州）人，他是汉末至三国时期吴国的重臣。顾雍一直坚持"食无求饱，居无求安"的人生信条，他从不饮酒，平时沉默寡言，循规蹈矩。吴国的君主孙权曾经表扬他说："顾雍这个人平时不说话，一旦开口，肯定有道理。"

顾雍担任丞相职位后，谨言慎行，坚持原则。他选择人才只看这个人称职与否，从不掺杂个人感情。而一旦选出人才，就全心全意地信任他们。

顾雍常常在民间体察民情，收集建议，禀报给吴主孙权。他提出的建议如果被采纳，就把功劳归功于孙权；如果没有被采纳，他就将建议深藏在心底，不再对人提起。孙权因此非常看重他。

小小思想家

生活中，很多事情都不能过度。比如：吃饭吃得太饱，容易引发健康问题；睡觉睡得过头了，对身体也不好。说话做事也要谨慎小心，不能过了头。学习上更是如此，要劳逸结合。首先要保证充足的睡眠，另外，在看书学习间隙也要适当放松。只有这样，才会有好的学习效果。

8.

要个性施教，不要超前教育

作为中国历史上最杰出的教育家，孔子深知，教师除了要有渊博的知识外，还要有眼光、有头脑，更要掌握灵活多变的教育技巧。对不同才智和水平的人，教授的知识也不同。

每个人都有自己的特点，有的人天性聪明，有的人反应比较慢；有的人性格急躁，有的人处事冷静；有的人适合读书，有的人适合学武。总而言之，人们的性情、智力和天赋不同，学习的效果也会不同。

由于人与人的禀赋有差距，教育的方法和内容便应该有所不同。孔子根据学生的个人素质、智力水平和兴趣特长，来决定具体的教学进度和教学内容。比如说，孔子发现颜渊、闵子骞的德行修养很好，宰我、子贡辩论的才能突出，冉有、子路的政事能力不凡，子游、子夏在文字上领悟力很高，孔子就在不同的方面着重培养，这就是典型的因材施教。

而对于知识基础薄弱，接受程度低的学生，孔子把他们划分到“中等水平以下”，主张先不要教授过于高深的学问，而是从基础知识开始。

孔子的这种教育方法是很先进的。他尊重学生的个体差异，反对强行灌输知识。明朝杰出的思想家、教育家王阳明曾经对弟子黄勉之解释孔子的这段话：“不是孔圣人不肯给愚笨的人教导高深的知识，而是因为每个人的资质是不同的，所以教育的时候，不能乱了次序。对于中等以下的人，即使给他讲高深的人性和天命之理，他也不能明白，必须要慢慢地启发才行。”

读《论语》学道理

原文

zǐ yuē zhōng rén yǐ shàng kě yǐ yù shàng
子曰：“中人以上，可以语[1]上
yě zhōng rén yǐ xià bù kě yǐ yù shàng yě
也；中人以下，不可以语上也。”

——《论语 · 雍也篇第六》

注释

❶ **语：** 告诉、讲说、谈论的意思。

译文

孔子说：“具有中等以上才能水平的人，可以告诉他高深的学问；具有中等以下才能水平的人，不可以给他讲述高深的学问。”

知识拓展

孔子上课都讲些什么内容

孔子是中国历史上最有名望的老师，很多人都想知道孔子是怎样教导学生的。《论语 · 述而篇第七》给出了孔子的授课内容：“文，行，忠，信”。具体来说，就是：知识、实践、责任、品德。

在孔子看来，学生拜入自己门下的首要目的，是学习文化知识，所以孔子第一门课程就是“文”。按照字面意思看，“文”指的是文献、典籍知识。

孔子一生都致力于典籍的整理工作，修订了《诗》《书》《礼》《乐》《易》《春秋》等典籍，后世称为六经。这些便是儒家弟子的书面教材。

孔子还注重对学生进行实践和思想方面的教育，“行”“忠”和“信”都属于让弟子提高自身道德修养的课程。孔子重视弟子们的文化知识教育，同时告诫弟子们仅有书本知识是不够的，还要重视参与社会实践活动。为此，他带领学生们周游列国，使学生们在实践中增长见闻。此外，他还致力于培养弟子们忠、信的德行。

总体来说，孔子的四种教学内容，就是书本知识、社会实践和道德修养等方面的有机结合。

小小思想家

盲目的超前教育，就好比揠苗助长。短期内看起来好像进步很大，实际上并不利于孩子的成长。

9.

任何东西都夺不走我的志向

孔子曾经回顾自己的一生，说：“十五志于学”，意思是说，孔子十五岁就有了成为大学问家的志向。他历尽艰辛，勤学不辍，用一生践行了这句话。

孔子要求弟子们坚守理想，矢志不渝。对于维护“理想”的重要性，孔子用“三军可夺帅也，匹夫不可夺志也”这句话来形容。他认为一个人无论贫富贵贱，都应该拥有自己独立的人格和理想。

秦朝末年的阳城人陈胜，就是一个坚守理想的人。他领导的农民起义直接动摇了秦朝的统治根基。

陈胜年轻的时候，家境穷苦，靠给别人当雇工来谋生。有一次，陈胜在田地里劳作，对周围辛辛苦苦干活的同伴说：“如

果有一天我富贵了，是不会忘记你们这些老朋友的。”

其他的雇工嘲笑他说：“咱们只不过是卖力气给人家种田的人，哪里会有什么富贵可言呢？”陈胜长叹一声说：“唉，小小的燕雀，怎么知道翱翔在天上的鸿鹄的志向呢！”

陈胜是一个有着远大志向和坚定理想的人。后来陈胜、吴广在大泽乡揭竿而起，率领农民反抗秦朝的暴政。起义队伍的规模不断壮大，最后从根本上动摇了秦朝的统治。陈胜和吴广也成为中国历史上农民起义的先驱。

读《论语》学道理

原文

zǐ yuē sān jūn kě duó shuài yě pǐ fū
子曰："三军①可夺帅也，匹夫
bù kě duó zhì yě
不可夺志也。"

——《论语·子罕篇第九》

注释

❶ **三军：**根据周朝的制度，天子可有六军，大诸侯国可以拥有三军。古代所说的三军是指骑马打仗的前、中、后三军。前军一般是先锋营，负责开路（架桥、修路）、侦察、应付小规模的战斗，携带部分军需物资。中军就是统帅所处的大军，麾下拥有当时大部分作战兵种（骑兵、步兵）。后军主要起辅助作用，负责运送全军的主要军用物资，携带工匠以及民夫。随着周天子权威的削弱，这样的制度逐渐流于形式。后来"三军"成为军队的统称。

译文

孔子说："一国军队，可以丧失他的主帅；一个普通人，却不能强迫他改变志向。"（现在也解释为：军队可以没有将领，但普通人不能没有理想。）

小小故事会

陈胜起义

秦始皇统一六国后，统治愈加残暴，百姓生活很不安定。

秦王朝征集了大量百姓修造长城，其中军队三十万人，民夫也多达几十万人。为了建造一座巨大豪华的宫殿——阿房宫，甚至还动用了七十万名囚犯来施工。

秦二世即位后，继续从全国各地调集囚犯和民夫修造皇陵和阿房宫。大量的人被迫到异地他乡服劳役，耗费了不知多少人力财力，百姓怨声载道。

公元前 209 年，陈胜、吴广等九百人被调往渔阳，途中因为大雨误了期限。当时的律令十分严苛，这些误了期限的人都要被处死。陈胜和吴广索性说服众人，揭竿而起，这是中国历史上第一次大规模的农民起义。

陈胜率起义军占领陈郡以后，建立了张楚政权，这也是中国历史上第一个由农民建立起来的政权，对后世产生了重大的影响。

10.

孔门十哲都是谁

孔子晚年回到鲁国后，对自己的弟子进行了详细的总结和客观的评价。

在孔子的心目中，德行最好的四位弟子是：颜回、闵子骞、冉伯牛和仲弓；口才出众、善于雄辩的两位弟子是宰我、子贡；政务娴熟、堪称治国大才的弟子是冉求、子路；通晓典籍、文笔出众的两位弟子是子游和子夏。

这十个人分别在“德行”“政事”“言语”“文学”四个方面表现很突出，是孔门弟子中非常优秀的人才。

后世依据孔子的评价，将这十位杰出的弟子合称为“孔门十哲”。他们被历代的读书人推崇，是读书人学习的榜样。

读《论语》学道理

原文

dé xíng yán yuān mǐn zǐ qiān rǎn bó niú
德行：颜渊，闵子骞，冉伯牛，

zhòng gōng yán yǔ zǎi wǒ zǐ gòng zhèng shì rǎn
仲弓。言语：宰我，子贡。政事：冉

yǒu jì lù wén xué zǐ yóu zǐ xià
有，季路。文学①：子游，子夏。

——《论语·先进篇第十一》

注释

① **文学：** 这里指的是通晓文献，即孔子所编的《诗》《书》《礼》《易》等文献知识。

译文

弟子中德行最好的是颜渊、闵子骞、冉伯牛、仲弓。口才出众、善于雄辩的是宰我、子贡。政务娴熟的人是冉求、子路。通晓文献知识的是子游和子夏。

知识拓展

孔子的衣钵传给了谁

孔子去世后，孔门弟子想推举一位门徒继承孔子的衣钵。这可不是一件容易的事情。

众所周知，孔子门徒三千人，其中优秀的共有七十二位，人称孔门七十二贤。在这些人中，有十位最优秀的弟子，被称为“孔门十哲”。

在这些弟子中，孔子最喜欢颜回，可惜的是，颜回身体不好，四十岁就去世了。孔子最关心的人是子路，虽然经常批评他，但子路也是与孔子交流最多的弟子。遗憾的是，子路也先于孔子去世。

后来，孔子的弟子们推举了相貌最像孔子的有若作为孔子的继承人，但是有若不被大家认可。

后人认为，事实上继承了孔子衣钵的人是子夏。子夏是孔子的得意弟子，但他不盲从于孔子，具有创新精神。子夏走出了一条适合自己的发展道路，更带出了李悝（kuī）、吴起这样名闻天下的弟子。李悝是令魏国国力蒸蒸日上的改革家，吴起则是著名的军事家，他们都是子夏的学生。因此，子夏算得上是一位非常厉害的教育家了。

孔子曾经评价子夏说：“我死之后，子夏会比以前更有进步，而子贡会比以前有所退步。”

曾子询问其中的原因，孔子用了一个精彩的比喻来说明：“子夏总是与比自己贤明的人在一起，子贡则喜欢与不如自己的人相处。不了解孩子怎么样，看看孩子的父亲就知道了；不了解一个人怎么样，看他周围的朋友就可以了；不了解主人，看他派遣的使者就可以了。常与品行高尚的人在一起，就像沐浴在芝兰香气的屋子里一样，时间久了就自带香气；和品行低劣的人在一起，就像到了卖咸鱼的屋子，待的时间长了也就闻不到臭味了，并且自身也开始发出臭味。”

11.

要厚待老百姓

孔子所处的春秋时期，鲁国的三大家族季孙氏、孟孙氏以及叔孙氏掌握了国家大权，被称为“三桓”。公元前562年，这三家瓜分了鲁国国君直属的土地和奴隶，季孙氏分得了其中的三分之一。公元前537年，三桓第二次瓜分鲁国，季孙氏分到了一半的份额，势力非常庞大。

这时期，季孙氏的家主是季康子。季康子重用孔子的弟子冉求，将他提拔为自己的大总管，并让他进行赋税改革。据《左传》记载，冉求曾经征求孔子对这件事的意见，孔子的主张是:“施取其厚，事举其中，敛从其薄”，意思是对待百姓施舍要力求丰厚，事情要做得适当，赋敛要尽量少收。

但是，冉求身在其位，并没有完全听从老师的意见，而是协助季氏展开轰轰烈烈的田赋改革，使季氏更加富裕。孔子认为冉求不仅对季氏的越礼行为不加规劝，还帮助他搜刮民财，因此十分生气，严厉地批评了他。

读《论语》学道理

原文

jì shì fù yú zhōu gōng ér qiú yě wéi zhī
季氏富于周公[1]，而求也为之
jù liǎn ér fù yì zhī zǐ yuē fēi wú tú
聚敛而附益[2]之。子曰：“非吾徒
yě xiǎo zǐ míng gǔ ér gōng zhī kě yě
也。小子鸣鼓而攻之，可也。”

——《论语·先进篇第十一》

注释

1. **周公：**此处的周公有两说：一种是泛指周天子身边的大夫卿士；还有一种说法是指周公旦。
2. **益：**增加。

译文

季氏比周公还富有，可是冉求还帮他继续收集钱财，增加他的财富。孔子说："（冉求）不是我的学生，你们大家可以大张旗鼓地去攻击他。"

知识拓展

季康子与孔子

季康子是春秋时期执掌鲁国大权的权臣。当时掌握鲁国大权的三大贵族被称为"三桓"，他们之间的关系十分复杂。季康子专权，使得"三桓"中的另外两家叔孙氏、孟孙氏很不满。

当时，鲁国在齐国、吴国这两个强国之间的夹缝里求生，处境艰难，吴国甚至强逼鲁国进献名贵的礼物。鲁哀公十一年，齐国入侵鲁国，叔孙氏、孟孙氏因不满季孙氏专权，不肯出兵帮季康子攻打齐军。最后，季康子任用孔子的弟子冉求，率军击退齐军，立了大功。

战争结束后，季康子问冉求是怎样击败齐军的？冉求回答说："我的军事能力都是跟老师孔子学的。"当时孔子已经离开了鲁国，于是季康子派人迎孔子回国。孔子返回鲁国后，开始了他晚年修书的事业，为后人留下了《春秋》《诗经》等儒家经典。

一年后，季康子任用冉求实行税赋改革，为自己积累了大量财富，而且经常有超越礼制的行为。孔子认为季康子的行为是挑战国君的权威，对季康子和冉求二人十分不满。不过，从历史的角度来看，季康子和冉求的改革顺应了历史发展，有积极的一面。

读《论语》学成语

释义

鸣鼓而攻：公开宣布某人罪状，对其进行谴责或讨伐。

例句

对那种违反校规校纪的行为，我们要旗帜鲜明地鸣鼓而攻。

小小思想家

本节中，孔子比较少见地对弟子冉求进行了大张旗鼓的批评，这是因为在孔子看来，冉求通过剥削老百姓来增加贵族财富的做法是不对的。事实上，冉求身上有着改革家的创新精神，这点很可贵。我们不但要学习孔子忧国忧民的精神，也要学习冉求独立思考、创新进取的态度。

12.

人无远虑，必有近忧

孔子带着弟子出游时，看到有人在张网捕鸟。孔子仔细观看了一会儿，发现那些捕鸟的人擒获的大多是黄口的幼鸟，很少有成年的大鸟。

孔子询问出现这种现象的原因。捕鸟的人说："小鸟看见诱饵会自投罗网，所以很容易捕捉；大鸟见诱饵旁边有网，就会躲开，所以很难被抓到。"

孔子对此十分感慨。小鸟经验不足，只顾眼前的利益，因为贪吃而送了性命，大鸟则因为机警而得以保全生命。可见，贪小便宜的人，容易吃大亏。如果人没有长远的打算，眼前的事情也会出问题。

读《论语》学道理

原文

zǐ yuē rén wú yuǎn lǜ bì yǒu jìn yōu
子曰："人无远①虑，必有近忧。"

——《论语·卫灵公篇第十五》

注释

① **远：** 长远，也指远见。

译文

孔子说："人如果没有长远的考虑，一定会有眼前的忧患。"

知识拓展

黄口

黄口，本指雏鸟的嘴，古人经常用“黄”来指代小孩。西汉的著作《淮南子》中写道：“古之伐国，不杀黄口，不获二毛。”意思是说，古人讨伐敌国的时候，不杀小孩子，不抓头发花白的老人。文中的黄口，指的就是幼儿。隋朝时，不满三岁的幼儿称为黄；唐朝时，刚生的婴儿称为黄。后来，人们把十岁以下的儿童都统称为“黄口”。与黄口有关的词有“黄口小儿”“黄口小雀”等，经常被用来讽刺他人年幼无知。

读《论语》学成语

释义

人无远虑，必有近忧：人如果没有长远的打算，那么忧患一定近在眼前。

例句

昊天以前不好好学习，对未来没有规划，现在找工作接连碰壁，这真是：人无远虑，必有近忧。

小小思想家

有些同学在学习中没有什么目标，也不用心，觉得以后还有大把的时间，任由自己虚度光阴，等到醒悟时又追悔莫及。对此，我们应引以为戒，要从小树立长远的目标，还要对自己的学习和生活做出明确的规划。只有这样，才能有所作为。

13.

后天的教育更重要

《三字经》中第一句话:“人之初,性本善。性相近,习相远”。这句话源于孔子的名言“性相近也,习相远也”,表明了孔子对后天教育的重视。

子路是孔子的知名弟子,他在拜师之前,是一个“问题少年”。子路少年时,打扮怪异,凶狠好斗,有时候还欺负弱小。拜师之初,还曾经对孔子出言不逊。但孔子并未生气,而是积极教育子路,让他走上正路。

子路被孔子感动,觉得孔子说的话很有道理,但他又担心自己起步太晚,即便认真学习,也达不到想要的效果。

孔子劝他说:人刚生下来都差不多,小孩子性情相近,只是因为接受的环境有差异,所受的教育不同,个性才有了明显的差别。你出生的时候，和别人没有太大差别，只是受到的不良影响较多，才导致你的行为粗俗无礼。只要你现在开始接受正确的教育，一定会变成彬彬有礼的君子。

子路心服口服，从此洗心革面，听从孔子的教诲。

读《论语》学道理

原文

子曰（zǐ yuē）："性（xìng）① 相（xiāng）近（jìn）也（yě），习（xí）② 相（xiāng）远（yuǎn）也（yě）。"

——《论语·阳货篇第十七》

注释

1 **性：** 人（或生命）先天具有的纯真本性。

2 **习：** 后天习染积久养成的习性。

译文

孔子说："人在刚出生时的本性是相近的，但由于后天所处的环境和所受的教育不同，人的习性也会产生巨大的差别。"

小小故事会

钟毓与钟会

古代有一句俗语："一龙九种，种种各别"。即便是亲兄弟，由于后天教育的不同，性格也可能截然不同。

三国时期，曹操手下有一位重臣叫钟繇（yáo）。钟繇的两个儿子在少年时代就非常有名气。特别是钟繇晚年生下的幼子钟会，更是聪慧异常。兄弟二人家世背景相同，但后天的教育环境不同。大儿子钟毓，自小被父亲严格管教，钟毓也处处以性格沉稳的父亲为榜样，处事干练、踏实肯干。小儿子钟会，从小受到的宠爱更多，因此性格更为机智多变，胆子也大些。

《世说新语》记载了这样一个故事：钟毓兄弟俩声名远播，魏文帝曹丕听说后，接见了二人。能见到皇帝，是一件很荣耀的事，哥哥钟毓不免有些紧张，脸上冷汗直流，魏文帝见了，便故意问钟毓，为什么满头大汗？

钟毓拜倒在地，回答说："因为看到帝王的天颜，我内心感到惶恐，控制不住，汗如浆出。"

魏文帝看见弟弟钟会面色如常，饶有兴趣地问这个年轻人："你哥哥见到帝王威严，紧张得流汗，你为什么一滴汗都没有，是因为我的君威还不足以震慑你吗？"

机灵的钟会马上回答道："陛下的君威使我战战栗栗，连汗都不敢出。"

魏文帝哈哈大笑，对钟会的灵活机变十分欣赏。

14.

保持初心，努力前行

孔子的学生子夏十分好学，又极具创新精神，在孔子生前，他在孔门弟子中的地位并不算太高。孔子去世后，子夏将孔子的学问发扬光大，成为孔门弟子中十分耀眼的人物。

子夏跟随孔子学习，学到了很多知识，同时也对孔子提倡的学习态度和学习方法都有了深刻的理解。后来，子夏也成了一位大教育家。

子夏告诉自己的学生，在学习的过程中，首先要有端正的学习态度，保持旺盛的求知欲；然后要守住自己的志向，不忘初心；还必须保持谦逊，不忘虚心向人求教；最后要理论联系实际，多考虑现实情况。子夏认为：孔子所谓的仁德，就体现在这四个方面了。

读《论语》学道理

原文

zǐ xià yuē bó xué ér dǔ zhì qiè wèn
子夏曰：“博学而笃志[1]，切问[2]
ér jìn sī rén zài qí zhōng yǐ
而近思，仁在其中矣。”

——《论语·子张篇第十九》

注释

1. **志：** 志向的意思。
2. **切问：** 问与自身相关的事情。

译文

子夏说：“博览群书广泛学习，坚守自己的志向，恳切地发问求教，多考虑当前的事情，仁德就在这中间了。”

小小故事会

博学笃志的董仲舒

董仲舒是西汉著名的哲学家，也是儒家学说的集大成者。

董仲舒自幼天资聪颖，勤奋好学，少年的时候就立志要成为优秀的人，读起书来更是达到了废寝忘食的地步。他家里有一座花园，春天百花齐放，花团锦簇，仪态万千。姐姐想带董仲舒到园中玩，可他沉迷于阅读《春秋》，手不释卷，不愿意去园里游玩。

后来，小花园里造了一座假山，亲友的孩子们在假山上爬上爬下，热闹非凡。小伙伴们呼唤董仲舒一起来玩，他却沉浸在书中，根本听不见小伙伴们的召唤。

靠着这种好学精神，长大后的董仲舒学识渊博，博览群书，终成一代儒学大师。

读《论语》学成语

释义

博学笃志：博览群书、广泛学习知识，而且意志坚定。

例句

王老师兢兢业业地工作了几十年，桃李满天下，“博学笃志”是他的人生信条。

小小思想家

我们该如何去接近和实现仁德呢？其实，仁德离我们并不遥远。我们在生活中要树立正确的理想和信念，勤奋学习，努力读书。读书的过程中还要多思考，多发问。这样，就离孔子所说的“仁德”不远了。

15.

追求真理的孔夫子

学生们向孔子请教“追求真理”的问题。孔子说：“朝闻道，夕死可矣”。意思是，若是让他早晨知晓了真理，就算晚上死了也没有遗憾。

孔子非常注重对真理的追求，他认为只要能找到真理，即使失去生命，也是值得的。

真正的君子是那些为坚持真理而甘愿抛头颅、洒热血的人。而小人则见利忘义，不敢坚持真理。

春秋时期，齐国权臣崔杼（zhù）杀害了国君齐庄公，掌控了朝政大权，这是严重的罪行。齐国的史官太史公如实记载了这件事。崔杼大怒，便杀害了太史公。

太史公的两个弟弟太史仲和太史叔先后接替了他的职务，

也如实记载了崔杼弑君这件事，都被崔杼相继杀害。

后来，第三个弟弟太史季又接任了太史之职，崔杼威胁他说："不要学你三个哥哥，你还是把齐庄公的死因写成因病去世吧，否则你也会身首异处。"

太史季正色回答说："记载事实，是史官的职责，编造虚假的史实，不如去死。"他坚持写下"崔杼弑君"这几个字。崔杼实在无可奈何，只得放了他。

这四兄弟为追求真理不惜牺牲生命的做法，就是孔子"朝闻道，夕死可矣"的真实写照。

读《论语》学道理

原文

zǐ yuē zhāo wén dào xī sǐ kě yǐ

子曰："朝闻道①，夕死可矣。"

——《论语·里仁篇第四》

注释

① **道：** 道理，真理的意思。

译文

孔子说："早晨如果能够领悟真理，那么就算晚上死了也可以不留遗憾。"

小小故事会

浪子回头，朝闻夕死

西晋名臣周处，字子隐，年轻时臂力过人，喜欢游猎，生活随心所欲。他在家乡争强斗狠，当地的百姓对他十分痛恨。当时，他家乡的河中有一条蛟龙，山上有一只猛虎。蛟龙和猛虎经常祸害百姓，人们把它们和周处并称为“三害”，周处更是被人们称为“三害”之首。

周处知道人们对自己的评价后，有心改过。有人劝他去杀虎斩蛟，这样“三害”就不复存在了。周处听从了这个建议，他进入深山杀了猛虎，又下河去杀蛟龙。蛟龙有时浮上水面，有时没入水中，周处追了它很远，大战了三天三夜，还没有分出胜负。乡民们以为周处与蛟龙同归于尽了，开心地一起庆祝。

等到周处终于杀死蛟龙，回到家乡，发现乡民正在为自己的死讯欢呼雀跃，才明白原来大家这么讨厌自己。

于是，周处到吴国找到名士陆云，告诉他自己的遭遇，悔恨地说：“虽然我想痛改前非，修身养性，可我已经浪费了这么多时间，只怕终无所成。”

陆云听后，笑着说：“古人看重朝闻夕死，何况你还年轻，未来有远大的前程。人应该担心的事情是没有志向，只要立下了志向，多做好事，何必要去担忧好名声不能被人传扬呢？”

周处听后，奋发图强，勤学苦修，后来终为一代名臣。

读《论语》学成语

释义

朝闻夕死：早晨知道了真理，晚上死去也不可惜。形容对真理或者目标的追求十分热切。

例句

古代很多仁人志士执着地追求真理，即使朝闻夕死，也在所不惜。

16.

向优秀的人学习

冉耕向孔子请教，怎样才能具备优秀的道德品质。孔子说，这不难，注意多向那些贤能的人学习。看见贤能的人，心中就要想着向他看齐。

冉耕心里还有顾虑，如果遇不到贤人怎么办？毕竟，这世界上的贤人并不多。

孔子说，可以反过来思考。当你遇到不贤的人，那就反思一下，自己有没有犯类似的错误，要是有的话，改掉后不就贤明了吗？

在这里，孔子谈论的是如何提升个人道德修养的问题。“见贤思齐，见不贤而内自省”，这实际上是“取别人之长，补自己之短”的方法。

事实上，孔子一生也一直在“见贤思齐”。他曾经冒雨请郯（tán）子指点，向师襄子学琴，求学于老子。他用自己的言行，给自己的弟子做出了榜样。

读《论语》学道理

原文

zǐ yuē jiàn xián sī qí yān jiàn bù xián
子曰：“见贤①思齐焉，见不贤

ér nèi zì xǐng yě
而内自省也。”

——《论语·里仁篇第四》

注释

①**贤：**这里作为名词用，指贤能的人或者有才华的贤人。

译文

孔子说：“看见贤能的人，就应该想向他看齐；见到不贤的人，应该反省自己有没有犯类似的错误。”

小小故事会

徐溥储豆

明朝著名大臣徐溥，官至华盖殿大学士，还担任了当朝首辅一职，他就是一位见贤思齐的才子。

少年时代的徐溥敏而好学，沉稳老成。他在私塾读书时，一心向古圣贤学习。

一天，私塾先生看徐溥的口袋鼓鼓的，怀疑他藏了玩具，便责备徐溥贪玩。徐溥将口袋里的东西拿了出来，原来是他自己抄录的“古代圣贤语录”。徐溥一心效法古圣贤，经常将圣人名言、经典格言抄录成册，平日随身携带，一有闲暇便取出来阅读。私塾先生看到后又惊奇又惭愧，他对徐溥的父亲说，这小孩是一位神童，以我的水平教不了他了。

徐溥还经常反思自己的言行。他在自己的书桌上放置两个瓶子，分别向里面投掷黑豆和黄豆。每当他做了一件好事，或者有好的学习心得，便会往瓶子里投一粒黄豆；相反，如果他感觉犯了错，就往另一个瓶子里投一粒黑豆。

开始的时候，黑豆数量多，黄豆数量少，徐溥就不断地反省自己，寻找改进的方法；渐渐地，黄豆和黑豆数量不相上下，徐溥又激励自己再接再厉；到了后来，瓶中黄豆的数量远远超过了黑豆。徐溥这才松了一口气，自己的个人修养终于有所成就了。

读《论语》学成语

释义

见贤思齐：见到那些德才兼备的人就要向他们学习、看齐。

例句

假如每一位同学都能严格要求自己，做到见贤思齐，就会形成良好的学风、校风，校园面貌必会焕然一新。

小小思想家

我们也要有“见贤思齐”的能力哦！第一，向优秀的人学习他们的长处，这样才能持续进步；第二，观察别人的不足，并引以为鉴，这样会让我们少犯错误。

17.

什么是真正的“仁者”

一天，孔子与弟子们谈论天下的仁者。

子张说到了楚国的子文。子文多次被任命为朝廷最高长官，也被罢免过官职。他升官的时候，没有显得多高兴；被罢免的时候，也没有不高兴，而是尽心竭力地把自己的工作交接给后任。

孔子赞叹，子文可以算是忠于职守的典范了。那他到底算不算一位仁者呢？对此，孔子只说了一句：不知道啊，这不能算是仁。

子文是楚国贤相，虽然忠于职守，但也有不好的一面。当年子文把令尹之位让给将军子玉，其他大臣都称赞他举荐人才得当，只有大夫蔿（wěi）吕臣的儿子蔿贾不出声。子文问他缘故，年仅十三岁的蔿贾说：“子玉这个人，虽勇于承担，但缺少当机立断的能力。他只懂得前进，不懂得退却，因此只能让他担任副将，而不能让他独当一面。如果把军事大权交给他，一定会坏事。过于刚强，就容易遭受挫折，说的就是子玉这种人。现在推荐这个人可能会导致国家的衰落，又有什么可以恭贺的呢？如果他没有出问题，到时再来祝贺也不晚。”

后来，子玉以令尹的身份率军出征，在城濮（pú）之战中兵败身死，楚国遭受了重大损失。

子张又说到了齐国的陈文子。当年齐国权臣崔杼谋杀了君主齐庄公，大臣陈文子不想与弑君的奸臣同朝为官，于是舍弃家财，离开齐国。陈文子到了另外两个国家，发现这些地方的执政者和崔杼差不多，于是又先后离开了。

孔子只是称赞了陈文子的品德。但是，孔子认为陈文子在国家最需要他的时候，弃之不顾，没有为维护正义而献身的殉道精神，也不能算是仁者。

可见，在孔子心中，真正的仁者需要具备爱国之心、爱民之心，同时还要有高尚的情操，以及一定的处世技巧。

读《论语》学道理

原文

zǐ zhāng wèn yuē　lìng yǐn zǐ wén　sān shì
子张问曰：“令尹子文①三仕②

wéi lìng yǐn　wú xǐ sè　sān yǐ　zhī　wú yùn
为令尹，无喜色；三已②之，无愠

sè　jiù lìng yǐn zhī zhèng　bì yǐ gào xīn lìng yǐn
色。旧令尹之政，必以告新令尹。

hé rú　zǐ yuē　zhōng yǐ　yuē　rén yǐ
何如？”子曰：“忠矣。”曰：“仁矣

hū　yuē　wèi zhī　yān dé rén
乎？”曰：“未知③，焉得仁？”

——《论语·公冶长篇第五》

注释

1. **令尹子文：** 令尹，楚国当时的官名，相当于相国。子文是楚国著名相国。
2. **三仕、三已：** “三仕”和“三已”中的“三”在这里不是指确切的数字三，而是指次数很多。仕，指做官。已，罢免的意思。
3. **未知：** 这里不是真不知道的意思，而是用于表达否定，带点叹息的感觉。

译文

子张问孔子说：“楚国的子文多次任令尹（相国）之职，丝毫没有露出高兴的样子；后来多次被罢免，也没有露出怨恨的表情。且每次被免职后，都必定把一切政务悉数交接给来接替他官职的人。您觉得这个人怎么样？”孔子说：“子文可算是忠于职守了。”子张问：“那他算不算得上仁呢？”孔子说：“不知道啊，但怎么能算仁呢？”

知识拓展

陈文子的家族

本节中提到的陈文子，名须无，又被称为田文子。田文子的家族，在历史上十分有名。

陈文子先祖叫陈完，是陈国的王室成员。周惠王五年，陈国国君陈宣公怀疑公子御寇想谋反，陈完是陈宣公的族弟，和御寇平时非常要好，因怕受到牵连而逃到齐国，齐桓公任命他担任掌管百工营造诸事的工正一职。

一天，齐桓公到陈完家里喝酒，喝得十分尽兴。眼看天色已晚，齐桓公不想结束酒宴，便索要蜡烛，想继续饮酒以求尽

欢。陈完是一位正直的忠臣，他不想国君饮酒无度，于是起身找借口说：“按照惯例，君主来臣下家中赴宴，做臣子的要先找人占卜是否吉利。我今天只计划了白天的酒宴，所以只占卜了白天很吉利，适宜请您喝酒。您若是饮酒到夜晚，就不知道是不是吉利了。我实在不敢点蜡烛让您继续喝酒了。”齐桓公一边高兴地说：“您真是一位讲礼仪的人啊！”一边起身回宫。

通过此事，齐桓公认为陈完是一位贤德的人，便把“田”这个地方赐给他作为封地。从此，陈完的后人也姓田。陈文子也被称为田文子了。

陈完也就是日后齐国鼎鼎有名的田氏一族的祖先，著名军事家田穰苴（ráng jū）、“战国四公子”之一的孟尝君田文、西汉篡位的新朝皇帝王莽，都是他的后裔。

18.

孔夫子获得信息的方法

孔子有位弟子叫作子禽，喜欢思考问题。一天，子禽在路上遇到了子贡，便问子贡：“咱们的老师四处游学，每到一个地方都能知道当地发生了什么大事。这些事情，是老师自己出去打听的呢？还是别人主动来告诉他的？”

子贡听到子禽的话，微笑着回答说：“夫子温、良、恭、俭、让以得之。”

子贡认为，老师孔子之所以能得到这些消息，是因为老师是一位温和、善良、恭敬、节俭、谦让的人。正是有了这五种品德，老师得到消息的途径，才会与其他人都不一样。

子禽与子贡的对话，是对孔子为人处世的优秀品格的总结。

读《论语》学道理

原文

zǐ qín wèn yú zǐ gòng yuē fū zǐ zhì yú
子禽问于子贡曰："夫子①至于

shì bāng yě bì wén qí zhèng qiú zhī yú yì
是邦②也，必闻其政，求之与？抑

yǔ zhī yú zǐ gòng yuē fū zǐ wēn liáng
与之与？"子贡曰："夫子温、良、

gōng jiǎn ràng yǐ dé zhī fū zǐ zhī qiú zhī yě
恭、俭、让以得之。夫子之求之也，

qí zhū yì hū rén zhī qiú zhī yú
其诸③异乎人之求之与？"

——《论语·学而篇第一》

注释

① **夫子：** 孔子，后世将其引申为对老师的称呼。

② **邦：** 春秋时的诸侯国。

③ **其诸：** 表示不肯定的语气，意为或许、或者、大概。

译文

子禽向子贡提问说："孔子每到一个国家，必定能知晓那个国家的政事，这些政事是他求教来的呢？还是别人主动告诉他的呢？"子贡回答说："先生是凭借着温和、善良、恭敬、俭朴、谦让的品行而获得的。夫子获得这些的方法，与别人获得的方法，大概不相同吧？"

知识拓展

子贡经商

子贡复姓端木，名赐，字子贡。他善于辩论，精明干练，有治世之才，曾先后担任鲁国、卫国的相国。他既是孔子的得意门生，也是一位杰出的商人，是孔门弟子中最富裕的。

子贡非常善于理财，他能够运用低收高卖的手段，依据市场行情的变化做买卖，在经商方面有很高的成就。司马迁在《史记·货殖列传》中，将子贡排在了经商人物的第二位，用大量的笔墨对他进行描述，肯定了他在发展经济上的作用。

孔子也评价这位弟子说：虽然颜回在道德上几乎完美，但却穷得叮当响，连饭都快吃不上了；子贡却不是这样，他预判市场行情，调整经商策略，几乎每次都能赚到钱。

后世有的学者研究认为，孔子之所以能带着一大帮弟子周游列国，其中很多费用可能是由子贡赞助的。

子贡经商，一直秉持“君子爱财，取之有道”的原则，后世人们用“端木遗风”来借指这种良好的经商风气。子贡也因此成为民间信奉的财神。

小小思想家

如果我们具备了温和、善良、恭敬、节俭、谦让这五个方面的品质，就会很容易收获友谊，也更容易获得指点和帮助。

19.

就算被误解，也要坚持信念

孔子一生致力于维护周礼，他遵照周礼的标准侍奉君主。有些不了解内情的人，却以为孔子在谄媚君主。孔子知道后却毫不在意。

孔子曾经批评季孙氏用八佾舞于庭院，是典型的破坏周礼的事件，因八佾的舞蹈队只有天子才有资格使用。对此，孔子表现出极大的愤慨，甚至发出了“是可忍孰不可忍”的感慨。

孔子主张，侍奉君主一定要有严格的礼仪，一丝不苟地参拜，绝不能马虎。但当时正逢乱世，已经没有多少人会严格执行礼仪制度，因此孔子的这种主张，也为他带来了一些麻烦。

孔子曾经到齐国寻求实现政治抱负的机会，本来已经打动

了齐国国君齐景公，但相国晏婴却不喜欢孔子，他对齐景公说：“孔子主张的礼仪制度太麻烦了，花一年时间也学不完。他的学说也太复杂，一辈子都不可能学完。用这样的一套礼仪制度来治理齐国，不是明智的选择。”

齐景公听后，放弃了重用孔子的想法。

不过，孔子面对外来的各种不理解，态度始终是十分坚定的：别人如何说，不必过于理会，我只要坚持自己的信念就可以了。

读《论语》学道理

原文

zǐ yuē shì jūn jìn lǐ rén yǐ wéi chǎn yě
子曰："事君尽礼，人以为谄也。"

——《论语·八佾篇第三》

译文

孔子说："我按照礼节去侍奉君主，别人却以为我在谄媚君主。"

知识拓展

孔子在齐国

孔子三十五岁那年，鲁国发生了战乱，他被迫来到齐国。

在此之前，孔子曾经见过齐国的国君齐景公，齐景公对他印象很不错。那是在公元前522年，齐景公访问鲁国，问孔子秦穆公为何能称雄一方。孔子回答说："秦国虽小，国君却有志气；秦地虽偏，秦人却很正直。秦国善于使用人才，百里奚只不过是个喂牛的人，秦穆公与他谈了三天，便将国政交给他处理，这样的秦国，怎能不强大？"齐景公对他的话很赞同。

孔子这次抵达齐国后，又和齐景公进行了一番交谈。齐景公对孔子十分赏识，打算重用他，甚至还封了一块地给他。不料，国相晏婴却认为孔子的治国之道太过烦琐，不适合齐国的现状。齐景公听了晏婴的话，开始疏远孔子。

过了一段时间，齐景公对孔子说："我不可能像对待上卿那样把国事都交给您处理，但让我像对待下卿那般对待您，给您安排一个闲职，我也做不到。所以我想把您安排在这两种职位之间。"

不过，齐景公只是嘴上说说而已，他的承诺并没有兑现。与此同时，齐国一些贵族担心孔子站稳脚跟后，会对齐国进行改革，损害自己的利益，想暗中除掉孔子。

不久，齐景公再次召见孔子，直截了当地说："我年纪大了，精力不济，没办法安排您来改革齐国，您还是离开吧！"

孔子只好辞别齐景公。他回到住所，立即命令学生们收拾行装。这时候快到吃饭的时间，米都已经洗好要下锅煮了。有学生提议吃完饭再走，孔子连连摇头，命人把米从水里捞出来晾一下收起来，便离开了齐国。

小小思想家

我们在听到别人赞美自己时，往往会心生欢喜；而听到别人误解我们时，会心生懊恼，这都是正常的心理反应。不过，在遭遇别人误解又不方便解释时，我们可以学习孔子的态度：不用过多理会，坚持自己的信念。

20.

锦上添花的冉求

子华，原名公西赤，孔门七十二贤之一，是一位杰出的外交人才。有一次，子华奉命出使齐国，总管孔子财务大权的冉求看到子华走后，只有母亲在家，便想送去一些粮食。于是，他询问孔子送多少粮食比较合适。孔子认为，送一釜（fǔ）就够了，冉求觉得太少了，孔子提出再增加一庾（yǔ）。冉求还是觉得太少，便自作主张拿出五秉（bǐng）粮食给子华的母亲送去。（“釜”“庾”“秉”，都是古代的量器名。一釜合六斗四升；一庾合二斗四升；一秉为十六斛，一斛为十斗，五秉为八百斗。）

孔子听说这件事，询问冉求为什么要送这么多。冉求认为，子华这次出使齐国责任重大，回来的日期也不确定，担心他母亲的粮食不够吃，觉得应该多送一些粮食。

不料，一向主张“仁”的孔子却提醒他说：“冉求啊，你没发现一件事吗？子华出使齐国的当天，坐着肥壮的骏马拉的车，穿着暖和的皮袍，这说明他家里的条件很好啊！”

冉求恍然大悟。原来，他给子华的母亲送粮食不是雪中送炭，而是锦上添花。

孔子一向倡导“爱人”，且不是局限于对自己家人和朋友的小爱，而是一种人间的大爱。孔子认为，穷人更需要帮助，对真正需要帮助的人要更加仁爱。

读《论语》学道理

原文

zǐ huá shǐ yú qí rǎn zǐ wèi qí mǔ qǐng
子华使于齐，冉子为其母请

sù zǐ yuē yǔ zhī fǔ
粟[1]。子曰："与之釜。"

qǐng yì yuē yǔ zhī yǔ
请益。曰："与之庾。"

rǎn zǐ yǔ zhī sù wǔ bǐng
冉子与之粟五秉。

zǐ yuē chì zhī shì qí yě chéng féi
子曰："赤之适齐也，乘肥

mǎ yì qīng qiú wú wén zhī yě jūn zǐ zhōu
马[2]，衣[3]轻裘。吾闻之也：君子周[4]

jí bù jì fù
急不继富。"

——《论语 · 雍也篇第六》

注释

1. **粟：** 小米。在古汉语中，也泛指常见的粮食。
2. **乘肥马：** 这里指的是坐在肥马拉的车里。
3. **衣：** 名词做动词，当"穿"字解释。
4. **周：** 周济、救济之意。

译文

子华出使齐国，冉求向孔子请求给子华的母亲补助一些小米。孔子说："给她一釜吧。"

冉求请求再增加一些。孔子说："那就再给她增加一庾吧。"

最终冉求却给子华的母亲送了五秉小米。

孔子说："公西赤到齐国去的时候，坐着由肥马所拉的车辆，穿着又轻又暖的皮袍子。我听人说过：君子应该救济急需帮助的穷人，而不是去给富裕的人再添财富。"

知识拓展

古代度量衡的变化

度量衡，在日常生活中用于计量物体长短、容积、轻重。古代衡量物品长短所用的器具称为“度”，衡量计算物体容积的器皿被称为“量”，衡量物体重量的工具称为“衡”。

大约在原始社会末期，度量衡的概念就已经出现，在不同的地方，计量的方式也大不相同。例如，前文中出现的“釜”便是春秋战国时期齐国和鲁国的容积计量单位。

春秋战国时期，是中国历史上群雄并立的时代。由于割据势力各自为政，各国的度量衡大多不相同，甚至相去甚远，这让人们的生产生活很不便利。

秦始皇统一中国后，开始推行“一法度衡石丈尺，车同轨，书同文字”的政策，颁发了统一度量衡的诏书，制定了一套严格的兑换制度，这对当时社会的发展有着重大的促进作用。

汉代、三国时期，度量衡没有大的变化，基本沿用前代的制度。两晋南北朝时期，战乱不断，度量衡制度再次走向混乱。随着隋朝统一中国，度量衡再次被统一，此后直到清代，度量衡都相对统一，制度也不断完善，仅有个别的变动，例如宋代将十斗一斛改为五斗一斛、两斛为一石。

读《论语》学成语

释义

肥马轻裘：肥壮的马匹，轻暖的皮衣，形容生活非常富裕。也作“轻裘肥马”。

例句

肥马轻裘的生活，只能快乐一时；学富五车，才能让内心一直充实。

小小思想家

雪中送炭和锦上添花哪种行为更好？答案当然是雪中送炭。当一个人处于困境时，我们给予其力所能及的帮助，将他救出困境，这样更有意义。

21.

不急于求成，不贪图小利

宋国曾经有一个人，花费了很大的力气种地，本以为禾苗应该长得很快。但他每天去看，都觉得田里的禾苗没什么变化。

有一天，这个宋国人终于忍不住了，去地里把禾苗一株一株地往上拔。做完后，他累得气喘吁吁地回到家，得意地对家人说："今天可真把我累坏啦！不管怎么说，总算让禾苗一下子就长高了！"他的儿子很疑惑，过了几天到地里一看，被拔高的禾苗已经全部枯死了。

禾苗有自己的生长规律，这个人因为心急采取了"拔苗助长"的方式，结果导致禾苗枯死，这就是"欲速则不达"。

关于"欲速则不达"，孔子和弟子之间也有过讨论。

子夏要去做莒（jǔ）父地区的总管，前来询问孔子如何处理政事，孔子给他两条建议：第一，从政时必须小心谨慎，想好了再行动，不要急于求成，否则就可能无法达到目的；第二，不要去贪图小便宜，否则就做不成大事。

读《论语》学道理

原文

zǐ xià wéi jǔ fù zǎi wèn zhèng zǐ yuē
子夏为莒父①宰，问政。子曰：
wú yù sù wú jiàn xiǎo lì yù sù zé bù
“无欲速，无见小利。欲速，则不
dá jiàn xiǎo lì zé dà shì bù chéng
达；见小利，则大事不成。”

——《论语·子路篇第十三》

注释

❶ **莒父：**春秋时期鲁国的一个邑。

译文

子夏做了莒父的总管，向孔子请教怎样处理政务。孔子说：“不要光图快，不要贪小利。一味图快，反而达不到目的；只贪小利，就办不成大事。”

知识拓展

孔子到过哪些国家

孔子虽然拥有卓越的政治理念，但他在仕途上一直不得志。在他出身的鲁国，早期没有人重用他，后期又因为孔子想限制贵族三桓的权力而遭到排挤。为了推行自己的政治主张，孔子踏上了周游列国的道路。他四处游说，却接连碰壁，过着颠沛流离的生活。

据史书记载，孔子从五十五岁那年开始周游列国。他带着弟子先从鲁国出发，分别到过卫国、曹国、宋国、齐国、郑国、陈国、蔡国等国家。

从孔子的旅途来看，他当时游历的卫、曹、宋、郑、陈、蔡都是小的诸侯国。楚国是南方的大国，但孔子到了楚国边境，就知道自己在这里无法立足，只好转头离开。他还想去晋国看看，结果到了黄河边上却没去成。

从时间上看，孔子在卫国待的时间最长。孔子周游列国的旅程并不愉快，在郑国被人笑话是“丧家之犬”，在陈国、蔡国之时被困绝粮，幸得楚国人相救，却又遭到隐士的嘲讽。

大约在六十八岁那年，在弟子冉求的帮助下，孔子终于带着弟子们结束了十几年的游历旅程，返回鲁国。

读《论语》学成语

释义

欲速则不达：一心求快反而达不到目的。

例句

学习科学文化知识的时候，必须打好基础，循序渐进，切记“欲速则不达”。

小小思想家

每一次成功的背后，都有着很多次的尝试与失败。骐骥千里，非一日之功；冰冻三尺，也非一日之寒。在学习的过程中，我们一定要牢记“欲速则不达”，在学习和成长的路上留下自己坚实的脚印。

22.

怎样才能找到好邻居

战国时期，齐国有位臣子叫作戴不胜，他想让国君多学习向善的道理，于是就向孟子请教应该怎么做。

孟子对戴不胜说：“假如现在有一位楚国的大夫，想让自己的儿子说齐国的方言，那你认为应该请齐国人教他呢，还是请楚国人教他？”戴不胜说：“当然是请齐国人教他更好。”

孟子接着说：“假如给这位孩子找了一位齐国的老师，但是每天与他说话、聊天的都是楚国人，大家都用楚国的方言跟他交流，那么你认为他能很快地学会齐国话吗？”戴不胜说：“不能。”

孟子接着说：“假如我们为他请的老师是楚国人，但是他在齐国生活，每天与他交流的都是齐国人，那他是不是就很自然地学会齐国话了？”

戴不胜说：“我明白您的意思了，我们国家有一位叫作薛居州的贤者，我把他带到宫里住着，让我们大王多亲近他。”

孟子摇摇头说：“薛居州是位贤者没错，但光是把他请到王宫中，这也很难起到作用。如果王宫中每个人都是像薛居州那样的贤者，那君王怎么会学坏呢？相反，如果王宫中的人都不是好人，那君王又向谁学好呢？只有一个薛居州，根本不足以促使你们大王向善啊！”

俗话说：近朱者赤、近墨者黑，与那些素质高的人待在一起，耳濡目染之下，我们的素质也会慢慢变高；如果周边的邻居都是一些素质较差的人，那就很容易学坏了。

其实，孔子早就对这个问题有了清醒的认识。有一次，冉求要搬家，来询问老师有哪些地方需要注意。孔子语重心长地告诉他，最重要的是考虑周边的邻居，要挑选有仁德、有智慧的人做邻居。孔子的劝告，实在是金玉良言啊！

读《论语》学道理

原文

zǐ yuē lǐ rén wéi měi zé bù chǔ
子曰："里①仁为美。择不处②
rén yān dé zhì
仁，焉得知③？"

——《论语·里仁篇第四》

注释

1 **里**：这里是动词，居住的意思。

2 **处**：居住的意思。

3 **知**：同"智"，明智，聪明的意思。

译文

孔子说："跟那些有仁德的人做邻居才是好的选择。选择住处的时候，跟那些没有仁德的人住在一起，怎么能说你是明智的呢？"

知识拓展：

古时的邻、里、乡、党

如今我们口中的"邻居"，大多指居住在自己家周围或小区里的人；"家乡"是指童年生活的地方。但是在古代，

“邻”“里”“乡”“党”四个字各自单独使用，用来表示不同的含义。

“邻”在古时候是一个最小的行政管理单位，就好比今天所说的“村”。在孔子生活的时代，国家规定，每五户就组成一个“邻”。“邻”的上一级单位是“里”，五个“邻”组成一个“里”。“里”的上面是“党”，一“党”就是五百户人家。“党”的上面是“乡”，一“乡”则是一万两千五百户人家。

小小思想家

我们要与优秀的人相处，学习别人的长处，弥补自己的不足。例如，想学好英语，就与英语学得好的同学多交流；喜欢音乐，就要多与擅长音乐的同学一起参加活动。如果你的身边有很多优秀的朋友，相信你也会变得越来越优秀。

23.

孔子的一生

孔子三岁的时候，父亲叔梁纥（gē）便过世了，他从小便与母亲相依为命，受了很多苦。十五岁那年，孔子立志求学。《史记》记载，十七岁的时候，孔子已经有了一定的名声。

孔子二十岁的时候，他的儿子孔鲤出世。随后孔子慢慢步入仕途，但他的从政之路一直很不顺利。孔子刚开始的工作只是负责管理仓储和畜牧，虽然官职很小，但他总是认真出色地完成任务，慢慢受到国君的赏识。后来，孔子前去周王室学礼，在那里，他拜访了著名的思想家老子，二人进行了深入的交谈，这次谈话令孔子受益匪浅。

到了三十岁的时候，孔子开始开办私学，并招收了第一批弟子。其后的岁月，由于鲁国内乱，孔子被迫逃亡齐国。后来，又因得罪了齐国上大夫而不得不返回鲁国。经过了十年的磨炼后，四十岁的孔子已经对各种问题有了比较清醒的认识，步入了不惑之年。

五十岁的时候，孔子已经明白，有些事情，非人力所能为。

回到鲁国后，孔子慢慢走向了仕途的巅峰。公元前499年，孔子被任命为鲁国大司寇一职，暂时掌管相印。他推行了一系列富国强兵的改革，却引起了当时鲁国贵族的不满，以及邻国齐国的担忧，因此，孔子不久就被排挤出鲁国。

五十五岁那年的春天，孔子不得已，再次离开鲁国，开始了周游列国的旅程，其间饱受风霜颠簸之苦。

孔子的六十岁生日，便是在周游列国的途中度过的。孔子到陈国时，曾被人嘲笑为“丧家之犬”。但是，孔子在回顾自己的人生经历时，却认为自己这时期的心态很好，对于各种意见甚至误解，都可以做到心态平和。

公元前482年，孔子步入了“从心所欲”的七十岁。公元前479年4月11日，孔子因病去世，终年七十三岁。

读《论语》学道理

原文

zǐ yuē wú shí yòu wǔ ér zhì yú xué
子曰：“吾十有①五而志于学，

sān shí ér lì sì shí ér bú huò wǔ shí ér
三十而立②，四十而不惑，五十而

zhī tiān mìng liù shí ér ěr shùn qī shí ér cóng
知天命③，六十而耳顺④，七十而从

xīn suǒ yù bù yú jǔ
心所欲，不逾矩。”

——《论语·为政篇第二》

注释

① **有：** 同“又”。

② **立：** 此处指立身行事，有所成就。

③ **天命：** 上天的规律，指那些不能被人力所支配的东

西。也借指一些自然规律，比如人与自然、人与社会的关系等。

④ **耳顺：**对此词语的解释，学者们存在争议，一般来说指能听进别人的意见。

译文

孔子说："我十五岁的时候，立志于做学问；三十岁的时候，能够在社会上自立；四十岁的时候，对外界事物有了一定的理解，不至于被迷惑；五十岁的时候，知道了天命的规律和道理；六十岁的时候，听到不同意见心里也会很平和；到了七十岁的时候，就算做事随心所欲，也绝不会逾越规矩底线。"

知识拓展

中国古代对不同年龄的称呼

在中国古代，不同年龄段具有不同的称呼。人们把十岁以下的幼童称为"垂髫（tiáo）"，二十岁的男子称为"弱冠"，三十岁称为"而立"，四十岁称为"不惑"，五十岁称为"知天命"，六十岁称为"耳顺"或"花甲"，七十岁称为"古稀"，八十、九十岁的老寿星称为"耄耋（mào dié）"，而能活到一百岁的人则被称为"期颐"。

读《论语》学成语

释义 三十而立：指人到三十岁，能立足于社会，开始有所成就。

例句 我们从小就要努力奋斗，到了三十而立的时候，才不会哀叹“少壮不努力，老大徒伤悲”。

小小思想家

孔子的一生，给我们很大的启迪。年少的时候，他就立下求学的志向；青壮年时期，他依然保持着旺盛的求知欲，苦学不辍。中年以后，无论顺境或逆境，他都在不断努力，锐意进取。到了晚年，他依然孜孜不倦地教书育人。孔子的一生，是伟大的一生，也是不断总结的一生。尤其在勤学、立志、进取、修身这些方面，孔子的精神更是值得我们学习。

图书在版编目（CIP）数据

论语好好读 / 刘光成，曲君伟，兰婧编著．— 北京：中国轻工业出版社，2023.6
ISBN 978-7-5184-4410-6

Ⅰ．①论… Ⅱ．①刘… ②曲… ③兰… Ⅲ．①《论语》-儿童读物 Ⅳ．① B222.2-49

中国国家版本馆 CIP 数据核字 (2023) 第 063791 号

责任编辑：巴丽华　熊　隽　　　责任终审：劳国强　　整体设计：奇文云海
策划编辑：巴丽华　李　莉　王雪莲　　责任校对：宋绿叶　　责任监印：张京华
出版发行：中国轻工业出版社（北京东长安街 6 号，邮编：100740）
印　　刷：北京博海升彩色印刷有限公司
经　　销：各地新华书店
版　　次：2023 年 6 月第 1 版第 1 次印刷
开　　本：710×1000　1/16　印张：20
字　　数：300 千字
书　　号：ISBN 978-7-5184-4410-6　定价：99.00 元（全 3 册）
邮购电话：010-65241695
发行电话：010-85119835　传真：85113293
网　　址：http://www.chlip.com.cn
Email：club@chlip.com.cn
如发现图书残缺请与我社邮购联系调换
230426E2X101ZBW